やせる呼吸

脳科学専門医が教える
マインドフルネス・ダイエット

医学博士 山下あきこ

はじめに

あなたがこの本を開いてくださったことを、とてもうれしく思います。人生をもっと輝かせるための一歩を踏み出したあなたを、私は精一杯応援します。

本書はダイエットしたい方を対象に書いていますが、紹介しているのは単純に体重を減らすためだけの方法ではありません。つい食べ過ぎてしまう、太っている自分が好きになれない、いつもやせなくちゃと思っている……そんなあなたのお悩みを解決するために書きました。あなたが幸せで健康な状態になれますように。これが私の願いです。

もしあなたが肥満なら、ダイエットして美しくなろうという気持ちは幸せで健康な人生への大きな一歩です。そして肥満を卒業してからの健康と美にも役立つ内容です。

私は約20年間内科の医師として診療に携わってきました。「病気を診る」のが医師の役割と思っていましたが、あるときふと「病気にならないようにする」活動をして世界中の人が自分で健康をつくる社会を作ろう！　と思い立ちました。そして、病院を辞めて会社を作り一般の方に向けた活動を始めました。「病気にならないようにする」方法を身につけるプログラムを作るために様々な論文や情報を調べ集めているうちに、あることに気づきました。医学論文のほとんどは病気に関することばかりで、予防法に関することは少ないのです。そういえば医学部で、病気予防のための講義を受けた記憶もほとんどありません。

さらには、「健康を維持するための方法」や「もっと健康になるための方法」に関して検索すると、医療機関や医療関係者でないところからの情報がほとんどになります。怪しい情報もありますが、健康について学んでない医師よりよほどくわしいと思うこともあります。

そうして考えるうちに、「病気にならない」というより「もっと元気になる」ことを目指したい、世間の人にも目指して欲しいと思うようになりました。そしてもう一つ、人が「健康になりたい」と思う気持ちの底には「幸せになりたい」という思いがあるのだと感じるようになりました。健康であっても幸せでなければ意味がありません。このように私の医療に対する考えは、「治すから予防へ」、「予防から元気へ」、そして「元気から幸せへ」と変化したのです。

幸せになるためには、心と体を整えることが大切です。気持ちが不安定で体調が悪ければ、どんな環境にあっても幸せを感じるのは難しいからです。私はふだんからセミナーなどで、心と体を整えるために重要な要素を、マインドフルネス、栄養、運動、睡眠、コミュニケーションスキル、ポジティブ心理学、習慣化に分類して「健康の7つの柱」としてお伝えしています。

この本にはこれらのエッセンスが盛り込まれています。とくにマインドフルネスは健康と幸せへの扉を開いてくれるすばらしい手法です。

マインドフルネスの話をすると、「優秀なビジネスマンはたいていやってるよね」「ストレス緩和に役立つんだよね」などとよく言われますが、じつは健康やダイエットにも大いに役立ちます。もともとマインドフルネスは、ジョン・カバットジン博士が高血圧、皮膚病、慢性疼痛、食欲異常亢進、うつ病などに効果があることを発表したことがきっかけで社会に認知されるようになったもので、健康にいいことは１９７０年代からわかっていることなのです。

マインドフルネスに出会って、私自身の人生も変化しています。続ければ続けるほど小さな幸せに気づいて毎日が楽しくなり、苦痛と感じることが減りました。マインドフルに食べることで、食べ物の好みがいつのまにか健康的になって体重が減り、体調がよくなりました。また、風邪を引かなくなって、免疫力が上がったのを実感しています。

見た目は意外と大切です。体のなかの健康や、幸せな状態は見た目に現れるのです。肌ツヤの状態、引き締まった体などは内臓の健康とリンクすることがわかっています。老け顔の人は、内臓も老けています。老化しているということは、臓器へのダメージが進んでいるということです。マインドフル・ダイエットで、心も体も美しく幸せな人生を手に入れましょう。

もくじ

第1章 マインドフルネスで、なぜダイエットなのか？

第2章 やせる脳を作る

第4章 体の声に耳を澄ましてやせる

第5章 マインドフルネスを日常で活用する

第6章 幸せ脳でダイエット成功率をアップ

第1章

マインドフルネスで、なぜやせるのか?

マインドフルネスを続けてやせる

自宅の体重計にのっている自分を想像してみてください。表示を見ると、1週間前より2kg増えています。どんなことを考えますか？この1週間食べたものを思い返し、毎日食べすぎていたと後悔するかもしれませんし、明日の同窓会で太ったと思われる、と不安になるかもしれません。

そのときのあなたの心は、過去や未来にとらわれています。あれこれ思いを巡らせているとき、心は「今」ここにいる自分にはないのです。

私たちは今ここを生きています。「今」というこの瞬間を大切に生きることができたら、必要以上に過去を悔やんだり、未来に不安を抱いたりしないで済むようになります。

マインドフルネスとは、自分が今ここにあることを意識して、毎日を大切にする生き方です。**マインドフルネスを続けていると、目の前の料理に集中し、美味しくて体によいものを適量だけゆっくり楽しむことができるようになります。**

体重のことを気にしながら心ここにあらずの状態で食べるより、「心も体も心地よい状態でいられる＝結果的にやせる」素敵な方法です。

では、どうしたらそんな生き方ができるようになるのでしょうか。その方法を、この本でご紹介していきます。

「あれもやらなきゃ、これもやらなきゃ、あー時間がない……」

そんなふうにタスクや時間に追われる感覚がありませんか？

そして限られた時間のなかで効率的に物事を進めようとして、いくつかを同時にこなそうとします。

例えば、コーヒーを入れてオフィスの席に座りPCを立ち上げていたら、スマホにメール着信があってチェック。返信メールを書いていたら上司に声をかけられて会話をし、コーヒーを飲もうとしたらすでに冷めてしまっている。

このように、人は同時に何かをしているつもりでも、実際には一度に1つのことしか実行できません。目の前にあるいくつものことを、ちょっとずつやっては頭を切り替えてこなしているだけなのです。

頭の切り替え作業をひんぱんに行っていると、脳が疲労していきます。

情報量もコミュニケーションのツールも増え続けているいま、脳の疲労やうつ病が増えています。そこで、欧米や日本の多くの企業では、マインドフルネスという手法で疲れた脳を休ませようという動きが広がっています。

アメリカではグーグルが火付け役となり、多くの企業がマインドフルネス研修を導入しています。インテルでは10万人の従業員全員に対してプログラムを実践した結果、生産性と幸せ感が上がりました。

企業だけでなく、アメリカ、イギリス、ベトナムでは、学校や警察でもマインドフルネスが活用されています。

健康になる、ストレスやさびしさが減る＝やせる

マインドフルネスとは、瞑想などを通じた脳の休息法です。これを続けていると脳の活動が変わり、心が整い、健康にもよいことがわかっています。

実践方法は瞑想が中心で、ルーツはヨガの呼吸法や日本の座禅です。

ヨガや座禅が脳活動や体によい変化をもたらすということはすでに数々の研究で実証されていましたが、マインドフルネスはこれらのものから宗教色をなくし、心を整える手段として伝えたことで幅広い層に受け入れられるようになりました。マインドフルネスの効果についての研究論文は日増しに増えていて、２０１７年には８００本以上も発表されました。

マインドフルネスの研究結果には以下のようなものがあります。

- **健康……………免疫力を上げる、痛みや炎症を軽くする、生活習慣病を予防する**
- **メンタルヘルス…うつ、不安、ストレスの軽減**

- **人間関係…………EIや思いやりを高める。さびしさの軽減**

EIとはエモーショナルインテリジェンスの略で、心の知能指数ともいわれ「他人とつきあう能力」を表します。この能力は、人生を豊かに過ごす上でとても大切なものです。

- **自己管理能力……感情をコントロールする力、内省力が高まる**
- **生産性…………集中力、注意力、記憶力が高まる**

ストレスが減る
さびしさが減る
集中力が高まる
生活習慣病を予防

マインドフルネスの効果

ところで、マインドフルネスとはどういう意味なのでしょうか。

マインドフルは「注意深く、留意して」という意味です。「健康に気をつけてね」は〝Be mindful of your health〟です。〝ness〟は「～の状態」を表しますから、〝mindfulness〟とは「気を配る状態、留意する状態」という意味になります。

マインドフルネスという言葉は16世紀ごろから使われていたそうですが、確認されているもっとも古いものは、おそらく１８８１年に書かれた仏教の経典「東方聖典叢書」の英訳書です。パーリ語で書かれた「sati（念）」が、マインドフルネスmindfulnessと英訳されたのです。

現代のマインドフルネスという言葉は、１９７０年代にジョン・カバットジン医学博士によって広められました。彼は学生時代から瞑想を実践していて、それが健康や精神状態にとてもよいことを体験的に知っていました。そこで、マサチューセッツ医科大学において瞑想が健康にもたらす効果について数々の研究を行い、高血圧や糖尿病、うつ、睡眠障害などに効果があることを証明したことで世間に認められるようになったのです。

彼が考案したマインドフルネスストレス低減法という8週間のプログラムは、現在1万人以上の人が実践し、多大な効果を上げています。

ジョン・カバットジン博士は、マインドフルネスをこう定義します。

「意図的に、今この瞬間に、判断せずに、注意を払うこと」

「今この瞬間に」とは、過去を悔やんだり未来を不安に思ったりするのではなく、今の感覚や感情、思考、そして置かれている環境に目を向けることです。「判断せずに」とは、出来事、状況、他人や自分の考えや行動に対して、よいとか悪いとかジャッジしないで、ありのままの事実だけを見ることです。

もし明日のことが心配で頭がいっぱいになっていたら、それはマインドフルネスではありません。「今、明日のことばっかり考えてる。私は不安を感じている」と客観的に自分を見ている状態、それがマインドフルネスです。心配や不安なんてネガティブな感情はよくないとか、前向きに楽しむべきだとか、そうした評価や判断はしなくてもよいのです。ありのままの今の自分や状況を認めることで、自分らしく過ごせるようになるのです。

クヨクヨしやすい人は脳が疲れている＝太る原因

近年の研究で、マインドフルネスの脳科学的な根拠がかなりわかってきました。

脳にはデフォルトモードネットワーク（ＤＭＮ）というシステムがあります。たくさんの部位からなる脳の回路で、いろいろ考えごとをしているときに働きます。

ぼーっとしているときでも、ここが働いているのでいろんな考えが浮かんできます。

人間の脳は、１日の半分以上を心がさまようこのＤＭＮの状態に費やしています。

そしてこのＤＭＮは、脳の消費エネルギーの60〜80％を占めています。計算や暗記など、意識的な脳活動をしているときは、これにプラス５％ほどのエネルギーが必要になるだけです。ということは、ＤＭＮはかなり脳のエネルギーを浪費しているのです。

うつ病やクヨクヨしやすい人は1日中いろんな思いがぐるぐる頭を回っているので、さらに脳エネルギーを浪費して疲れている状態になります。

ＤＭＮの働きすぎを抑えることができれば、脳は疲れない状態をキープできるようになります。マインドフルネスをすると、このDMNの活動が抑えられ、脳の疲労をストップできるようになります。

また、「あ、私同じこと何度も考えてる」と「考えている自分」に気づくようになります。客観的に自分に気づく力が、マインドフルネスではとても大切なステップなのです。

あんなこと言わなきゃ
よかった
バカみたいなこと
やっちゃった
あのときああ言えば
よかった
くよくよ
しすぎだよ
くよくよすると
脳が疲れる

肥満や老化を遺伝子レベルで抑えよう

さらに、マインドフルネスを続けると脳の構造まで変わることがわかっています。

まず海馬の一部が大きくなります。海馬は記憶に関連していて、アルツハイマー病で小さくなるところです。ストレスやうつ病でも小さくなるといわれています。

ハーバード大学の研究では、1万時間以上の瞑想経験をもつ人は海馬の大きさが平均より5%大きかったという結果が出ました。マサチューセッツ大学の報告では、たった8週間の瞑想経験でも海馬の増大が報告されています。

次に扁桃体が小さくなります。扁桃体はストレスに対する過剰反応を起こす部位です。ここが暴走すると理性を保てなくなり、感情が抑えられなくなって衝動的な行動を起こしてしまいます。腹が立った相手に、その場で声を荒げてしまうときなどがそうです。マインドフルネスを実行すると、この扁桃体が小さくなって暴走を抑えることができます。

そして注目すべきは、背外側前頭前野（DLPFC：Dorsolateral prefrontal cortex）の働きが高まることです。ここはうつ病や慢性的な痛みの原因となる部分です。集中力、記憶力、やる気、痛みを抑制する、判断する、我慢する、問題解決するなど、あらゆる「人間らしさ」に関わっています。猿やチンパンジーはここが発達していません。幼い子供もここが未発達なので、欲しいものが手に入らないと人前でもひっくり返って駄々をこねたりするのです。

さらに、マインドフルネスを行うと遺伝子の働きが変わったという研究結果もあります。**ＲＩＰＫ２という慢性炎症に関わる遺伝子があります。慢性炎症というのは、肥満や心筋梗塞などの生活習慣病の原因であり、様々な細胞の老化スピードを早めるものです。マインドフルネスを行うと、この慢性炎症を引き起こす遺伝子の活動が抑えられることがわかりました。まさにダイエットとアンチエイジングに役立つ方法です。**

また、テロメアという染色体の端の部分があります。ここは命の回数券とも呼ばれ、これが短くなると寿命が短くなります。このテロメアが長い人は、健康で長生きできるということです。この部分を長くする方法が、カロリー制限、運動、そして、なんと瞑想です。

瞑想は、いつでも、どこでも、誰でも簡単にできます。それで遺伝子や染色体のテロメアにも影響して体を元気にするなら、やらない手はありません。

今すぐやろう！　基本の呼吸瞑想

マインドフルネスの基本は呼吸瞑想です。とってもシンプルなので今やってみましょう。

《呼吸法のやり方とポイント》

効果的に呼吸法を行うために、座り方や姿勢、呼吸、意識のポイントを押さえましょう。

❶座り方

イスに座る場合は、浅く腰かけて背もたれから背中を離します。少し足を開いて足の裏を床にしっかりつけます。

床に座る場合はとくに決まりはありませんが、マインドフルネスのルーツである座禅の座り方は、姿勢が安定して集中しやすくなります。

座禅の基本は右足先を左足の太ももの上にのせ、左の足先を右足の太ももにのせる結跏《けっか》趺坐《ふざ》ですが、初めは痛く感じるかもしれません。

片足だけ太ももに乗せる半跏趺坐《はんかふざ》、両足を下ろした安楽坐《あぐら》を試してみるのもおすすめです。

そのまま床に座るより、クッションやヨガブロックなどをお尻に敷くと安定しやすく、後ろにゴロンと倒れそうになるのを防いでくれます。両膝とお尻の3点で体を固定するような座り方を意識すると、楽に長く座れます。

リラックスしつつも集中しやすい、自分に合った方法を見つけましょう。

❷姿勢の整え方

イスか床に座ったら、体を前後左右に揺すってお尻が安定して体がまっすぐになる位置を探ります。

頭のてっぺんが天井から引っ張られているようなイメージで背筋を伸ばし、アゴを軽く引きます。両手をヒザや太ももの上に置きます。手のひらを上にすると、肩が外を向いて胸が広がって呼吸しやすくなります。そして、肩の力を抜きます。

目は閉じるか、半目を開いた状態（半眼）で斜め下45度の角度に視線を落とします。ヨガでは目を閉じ、座禅では半眼で行うのが一般的です。

最後にほんの少し口角を上げてみましょう。眉間やまぶたに力が入って口がへの字になっているより、やさしい気持ちでリラックスできますよ。

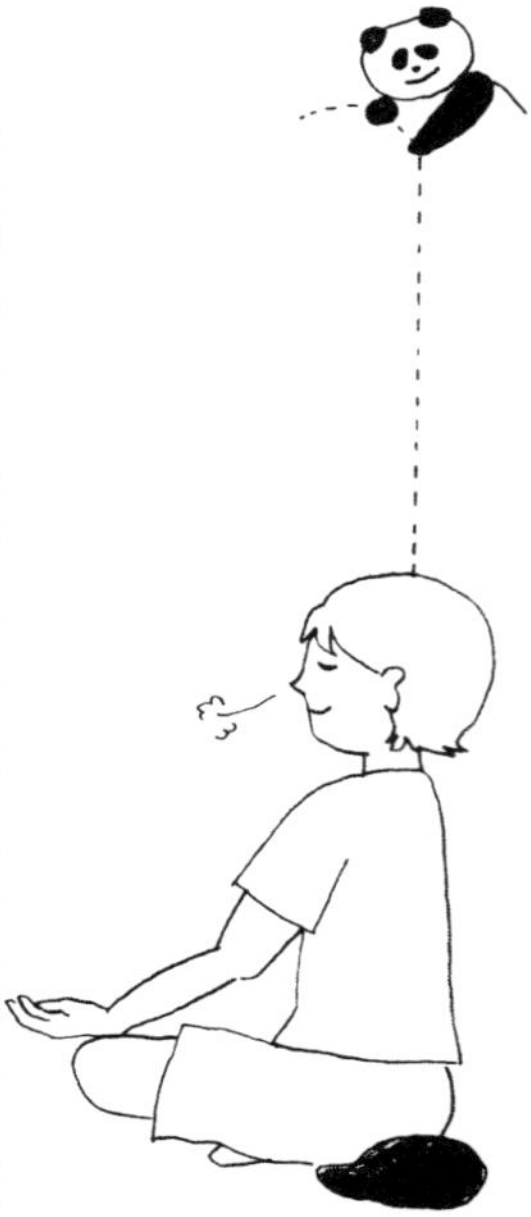

頭のてっぺんが天井から引っ張られているイメージで!!

❸呼吸の仕方

自然に鼻から息が入ってくるのを感じてみましょう。

鼻から吐いて鼻から吸う、普段の自然な呼吸を続けます。

何秒吸って何秒吐くとか、難しく考える必要はありません。

秒数にこだわって無理をすると呼吸を不快に感じてしまい、せっかくのリラクゼーション効果が得られなくなります。

④意識を呼吸に向ける

鼻の穴から入ってくる息の流れを感じます。息がノド、気管をとおって肺が広がり、お腹がゆっくりふくらむのを感じます。そのあとお腹が凹んで、息が入ってきたのと同じルートを戻って、鼻の穴をとおって出ていくのを感じます。

しばらくすると、誰でも気がかりなことが頭に浮かびはじめ、あれこれと考えを巡らせたり空想したりする状態になります。

ふと、呼吸から注意がそれている自分に気づきます。このときによくあるのが、呼吸に集中していなかった自分を「私は集中力がないな」と批判したり責めたりすることです。人は誰でもいろんな考えが浮かぶような脳の働きをしています。呼吸から意識がそれるのは当たり前のことなのです。いつもと違うのは、「呼吸ではないことを考えていた自分に気がついた」というところ。考えにふけっていた自分を一歩引いて観察できたのは、すごいことです。雑念のある自分に気づく、そのときに脳のＤＬＰＦＣが働いています。

このＤＬＰＦＣを働かせるプロセスこそが、呼吸瞑想で大切なのです。

雑念に気づいたら、意識をそっと呼吸に戻し、再び呼吸に注意を向けていきます。あとは、雑念に気づいたら、意識を呼吸に戻すというサイクルのくりかえしです。

《呼吸に長く集中するための方法》

❶心と呼吸のイメージを作る

心が船で呼吸に錨を下すイメージ、心が蝶で呼吸という花に止まっているイメージ、呼吸というクッションに宝石のような心をのせているイメージなど。

注意がそれたら、意識をこのイメージにそっと戻します。

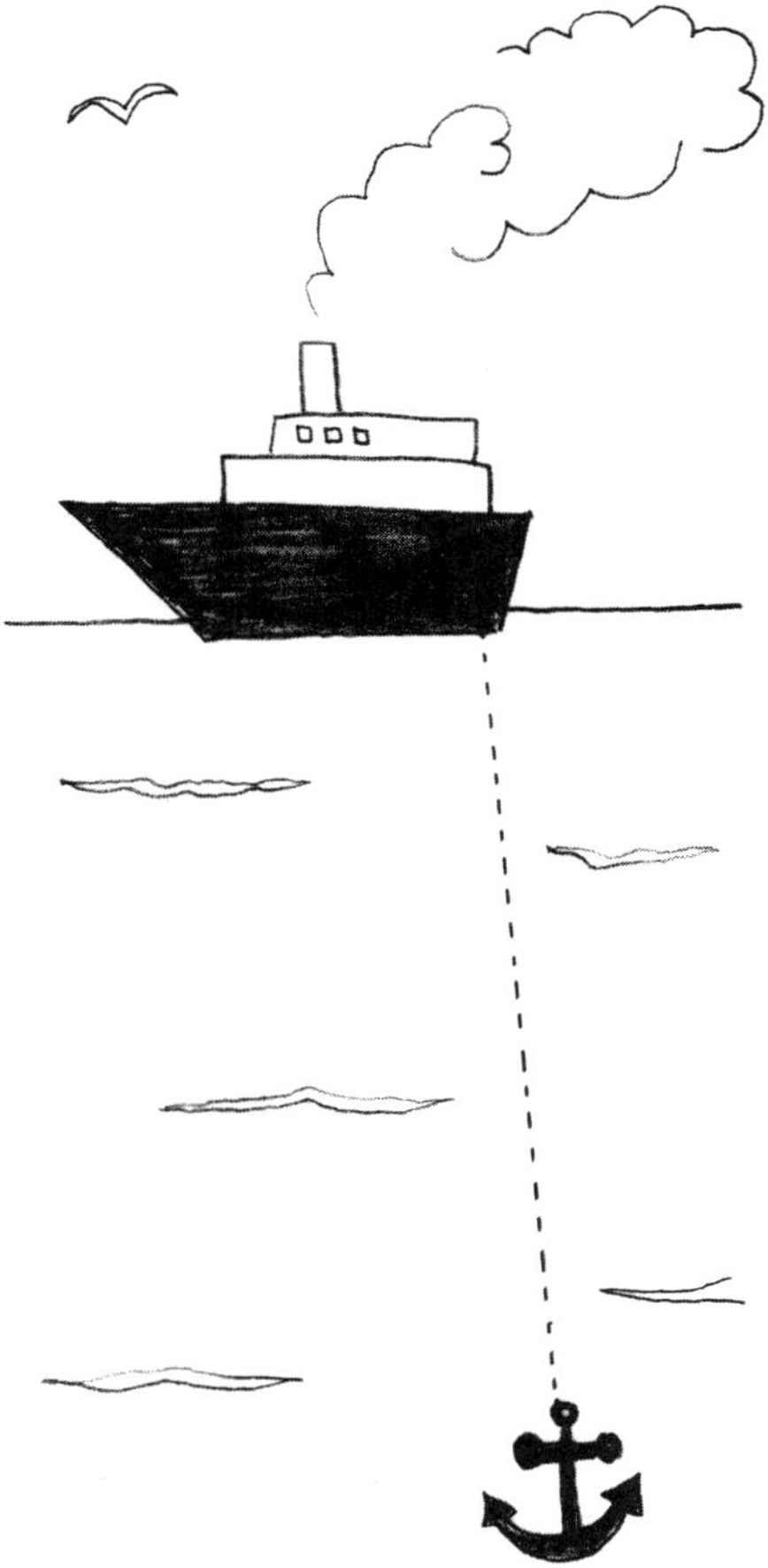

❷呼吸に数字のラベルをつける

息を吐くたびに、１、２と数えていき、10まできたら１に戻る方法です。いくつまで集中できるか、ゲーム感覚で楽しみます。

❸セルフナレーション

お腹がふくらんでいる、凹んでいる、ひんやりした空気が鼻の穴から入ってくるなど、実況中継をする方法です。何かを感じたり、思いが浮かんできたら、それもナレーションして意識を呼吸に戻します。

自分なりのスタイルが決まってくると、続けるのが楽しくなります。続けるコツは、初めから長い時間がんばらないこと。姿勢や細かいことにこだわらず、1日1回でも呼吸に意識を向けることができたら、自分をほめてあげましょう。

お腹がふくらんでいます
凹んでいます
バイクの走る音がします
子供達がおしゃべりしてます
鳥の鳴き声が聞こえます

マインドフルネスで食べすぎが止まる

《太っている人は、ヤケ食いしやすい》

前ページの基本の呼吸瞑想で、なぜやせるのでしょうか？

肥満の人は、怒っていると食べすぎてしまう傾向があります。

過食に陥りやすい4つのおもな原因は、「怒り・さびしさ・暇・空腹」です。

「しまった、食べすぎた！」ということがあったとき、この4つのどれに当てはまるのか考えてみると、自分の食行動の傾向がわかります。とくに肥満の人は、怒りの感情があるときに食べる行動で解消しようとする傾向があると指摘されています。

マインドフルネスに関する医学研究のなかには、食べすぎがおさまって体重が減るという報告が数多くあります。これまでのマインドフルネスを用いた研究の80％以上で、過食や感情的な食行動が改善していました。

マインドフルネスを行うと体のサインを識別できるようになり、食行動のコントロールができるようになるため、抑うつ、ストレスの知覚、身体的な症状のいずれも改善します。

《太っている人は、満腹を感じにくい》

肥満の人は、お腹の空き具合に鈍感なことが研究でわかっています。

そのために、満腹なはずなのに食べ続けたり、空腹に気づかず遅い昼食や夕食で一度に高カロリーのものを食べたりします。

試しに、今の「お腹の空き具合」を意識してみましょう。

今、料理を出されたらどの程度なら入りそうですか？　多くの人は、食事の時間がくるとお腹の空き具合などあまり考えずに、いつもの量を食べます。

体調や空腹具合は日々違うのに、それに気づこうともしないのです。

もし、それほどお腹が空いていないのなら、少なく食べる。よく動いたり頭を使ったりしてお腹が空いているなら、多めに食べる。

体のサインを感じながら食べる量を考えると、エネルギーをとりすぎることもありません。

このように食べる前、食べている途中、食べたあと、それぞれに体のシグナルを感じることを習慣化すると、体の感覚に敏感になります。

《肥満ホルモンを減らす方法》

マインドフルネスには肥満ホルモンを減らす力があります。

副腎から分泌されるコルチゾールというホルモンがあり、これが分泌されすぎると内臓脂肪が蓄積されます。ということは、コルチゾールは少ないほうがやせやすくなるのです。

肥満の人に対してマインドフルネスと認知療法を組み合わせて行った結果、コルチゾールの分泌が減って体重が減ったという研究報告があります。

マインドフルネスを続けると、それだけでやせ体質になるのです。

コルチゾールはストレスが多いほど増えます。

コルチゾールが減るということは、心のストレス度合いが減っていることを表しています。

コルチゾールは疲労や痛みなどにも関連しています。

これまでのダイエットといえば、食事制限やストイックな運動など、我慢や努力が必要なものが一般的でした。瞑想や体や心への気づきを中心としたダイエットは、むしろ普段よりストレスレベルが減って、疲労感や苦痛がやわらぎます。

幸せ感を高め、さまざまな病気を防ぎ、若々しさを保って、太りにくい体質になる、いいことづくめな方法なのです。

幸せ感が多いと肥満ホルモンが減る

マインドフルな食事や睡眠の習慣でやせる

さらにマインドフルネス・ダイエットでは、栄養素について正しい知識をもって食事を選ぶことをすすめています。

マインドフルネスを続けていると、どのような食事をしたら体が喜ぶのかということへの気づきが高まるので、明らかに体に悪い食事はしないようになります。

糖質制限や動物性脂肪をたくさんとるダイエット法などに注目が集まっていますが、ほかの人によかったものが自分によいとは限りませんし、ひとつのやり方に固執すると健康を害することもあります。

流行りのダイエットをやみくもに試すのはリスクが高く、効果が不確実なのです。

正しい栄養や代謝に気を配り、マインドフルに体調の変化を観察しながら自分に合った食生活を見つければ、健康とダイエットへの近道になります。

食事以外にも、睡眠、運動、心理学、ストレス管理の知識があれば、ダイエットの成功率が上がります。

本書では習慣化をおすすめする、それらのマインドフルな方法もご紹介します。

本書の使い方

第1章を読んだら、次は第2章を読んでください。

第2章のＳｔｅｐ１とＳｔｅｐ２を実践するのが、このマインドフルダイエットの基本です。毎日1分からでも、決まった時間に座ってマインドフルネスを行うことが大前提です。

第2章では効果的な瞑想の仕方について細かく説明していますが、少々違ってもいいですし、自分なりにアレンジしてもいいのです。

書いてあるようにしないと意味がない、なんてことはありません。厳しく考えないで、適当でもいいからやってみようと思ってくださったらうれしいです。とにかく毎日続けると決めて、どんなふうにするのかをざっと読んでみてください。

そして第3章から第6章では、マインドフルネスを生活に取り入れてダイエットする方法を紹介しています。順番に読み進むほうが理解しいやすいと思いますが、お好きなところからでも大丈夫です。好奇心をもって楽しんでやってみましょう。

第2章

やせる脳を作る

スキマ時間でダイエット脳を鍛える——5秒呼吸法でやせる

《ダイエットの難しいところは習慣化》

第1章で、マインドフルネスが脳科学的にダイエットや健康作りに有効だということがわかっていただけましたか？　問題はここからです。理論がわかっても続けなくては意味がないのです。この「続けること」が難しいために、効果を十分に実感できない方がたくさんいます。

私はこれまでにマインドフルダイエットプログラムという取り組みを何度か行いました。

それはマインドフルネスや健康に関する知識と、コミュニケーションや継続のポイントなどの講座を2週間おきに行うというものです。4ヶ月間、講師と参加者あるいは参加者同士でチャットをとおして日々の記録を共有したり、はげまし合いながら取り組みました。実施期間中、参加者は日々の瞑想を実践し、食事、運動、睡眠などの生活スタイルを見直しました。

マインドフルダイエットプログラム参加者全員が、食事の傾向が変わり、1日の歩数が増え、睡眠のリズムも深夜型から早寝になりました。そうして生活全般が変化し、全体で平均して4

〜5kg体重を落としました。なかでもKさんは、4ヶ月で14kgの減量に成功しました。


Kさんには、食事の写真をほぼ毎日スマホから送ってもらったのですが、ボリュームは落とさずに、野菜やタンパク質、発酵食品をバランスよく取り入れた料理を工夫して作っていました。参考になる料理はほかの参加者にも共有して、意見交換も積極的に行われました。

瞑想やウォーキングは、毎日家族と一緒に取り組む時間を作り、自分より家族のほうが効果を上げているとの報告もありました。

人間関係もよくなり、精神的にも明るく元気になりました。会うたびに美しくなるのを私も本当にうれしく思っています。

Kさんの成功は本人の努力のたまものですが、このように正しい知識を習得したあと、仲間と毎日はげまし合える環境があるとモチベーションが上がり継続しやすくなります。

しかしながら、うまくいく例ばかりではありません。関わりを保っている間はよかったのですが、プログラムが終わると元の生活に戻ってしまう方も多くいます。最大の難関は、食事を作ることでも運動することでもなく、「続けること」なのです。

そこで、せっかくの健康生活をやめてしまう脳の仕組みについてご説明します。

《簡単な呼吸法ダイエットをなぜみんなやらないのか？》

新しい習慣を作るために大切な脳の部分は、前頭葉のＤＬＰＦＣと大脳基底核です。ＤＬＰＦＣは第１章でもお伝えしたとおり、やる気、判断、我慢、問題解決などに関わるところです。目標達成までの企画遂行もここが行うので、あきらめずに仕事や勉強などの努力を続けて何かをなしとげる人は、ＤＬＰＦＣの働きがよい人ともいえるでしょう。

私たちのモチベーションを維持してダイエットに取り組もうとする心を支えてくれるのも、このＤＬＰＦＣなのです。**瞑想するとＤＬＰＦＣが活発になるということは、瞑想すればするほどダイエットという目標に向けてがんばる力が強くなり、成功率が高まるということです。目を閉じて呼吸に意識を向けるというシンプルで簡単な方法で、ダイエットに成功する脳に変わっていくなんてすばらしすぎます。**

それなのになぜ、みんなやらないのか。

その答えは簡単です。飽きてやめてしまうからです。その理由は、習慣化に大切なもうひとつの部位、大脳基底核にあります。大脳基底核は意識とは無関係に私たちを動かす、いわば自動操縦の部位です。習慣を定着させたあと、パターン化した行動をとり続ける指令を出すところです。お決まりの指令を毎日出し続け、私たちはそれに従って行動すると楽に感じます。

悪い習慣もよい習慣も、ここに刻み込まれて指令を出すと決まってしまえば、ずっと続けようとするのです。

例えば「タバコがやめられない」「パチンコがやめられない」「甘いものがやめられない」など、やめたいのに行動し続けてしまうのは、この大脳基底核がそのように行動しなさいと指令を出しているためです。もしこの部分に健康によい習慣がインプットされたらどうでしょう。

例えば「毎朝早起きする」「毎日瞑想する」「毎日野菜サラダを食べる」「毎日ウォーキングする」などです。がんばって続けるという感覚ではなく、そうすることが当たり前で心地よく感じられるようになるのです。そこにはもう、何の努力もいりません。

歯磨きをするように、当たり前で心地よい習慣なのですから。

大脳基底核は、我慢することやいつもと違うことが大嫌いです。

ですからとても簡単で、我慢が必要ないことをいつもの生活パターンのなかにそっと組み込んで、ちょっとずつレベルアップしていくと、大脳基底核はそれがいつもの習慣だと思い込み、指令が少しずつ書きかえられていきます。

この大脳基底核に拒否されないようにするポイントは、簡単にできることを決まった時間や場所で行うことです。

《これ以上簡単な方法はない！　5秒だけ呼吸を意識してやせる》

新しい習慣を作るポイントを踏まえて、瞑想を毎日の習慣にする初めのステップをご紹介します。なんと5秒以内でできる方法です。

人間の正常な呼吸回数は、1分間に15～18回程度です。ということは、1回の呼吸にかかる時間は3、4秒という計算になります。この本を読んでいる今この瞬間、1回だけ息を吸って吐くという自分の呼吸動作に意識を向けてみましょう。**鼻の穴で入ってくる空気の流れを感じ、また鼻の穴で出ていく空気の流れを感じます。終わり。**

5秒以内で呼吸瞑想できてしまいました。このシンプルな呼吸瞑想を毎日のルーチン動作に組み込んだら、あなたの大脳基底核もきっとだまされるに違いありません。

生まれ落ちてからずっと呼吸をしてきたあなたなら、この呼吸が難しいと感じることはないでしょう。これ以上簡単な方法はありません。

しかし不思議なことに、何秒で吸って何秒で吐いてとか、鼻から吸って口から吐いてとか、細かいことを言われると、当たり前だったはずの呼吸が難しく感じることもあります。しまいには、呼吸瞑想で呼吸に集中すると息ができない！という方もいます。呼吸の仕方は、いつもとおりに自然でいいのです。吸ってる、吐いてる、と感じるだけでかまいません。

《毎日の習慣と呼吸瞑想を組み合わせる》

呼吸は「簡単」だし、5秒という「少しずつ」の時間だし、大脳基底核に拒否されない3つのうち2つのポイントはクリアしました。

あとは「決まった時間、決まった場所で行う毎日の習慣に組み込む」だけです。

毎日の習慣にはどんなものがあるか列挙してみます。

朝：起床・トイレにいく・洗面台の前に立つ・キッチンに立つ・コーヒーを飲む・朝食を食べる・クローゼットにいく・靴をはく

昼：イスに座る・ユニフォームや制服に袖をとおす・マウスを握る

夜：玄関で靴を脱ぐ・夕食を食べる・湯船に入る・歯磨き・ふとんに入る

あなたの毎日の生活には、あげきれないほどたくさんの決まった行動があると思います。

できるだけ自分の決まった日常動作をたくさん書き出してみてください。

そのほとんどが無意識に決まった時間に行われています。

そして、これらの行動のなかから1つ選んで、ひと呼吸を組み合わせてみましょう。

《一日一回から試そう》

くれぐれも、前述した状況や自分で考えた日常習慣すべてに呼吸瞑想をくっつけようと思わないでください。2つ以上のことに新しい習慣をくっつけようとすると、かえって忘れてしまいます。新しいことを身につけたいＤＬＰＦＣは大脳基底核に指令を出し、その指令がパターン化されると大脳基底核が無条件に働くようになります。新しい指令をＤＬＰＦＣが出しても、シンプルでなければひとつの強力な回路が構築されません。

ふとしたスキマ時間に呼吸を意識するという習慣もいったんインプットすると当たり前になりますが、それを実践する場所や時間が2つも3つもあると複雑な回路になってしまい、かえって習慣化に時間がかかってしまいます。「朝起きた時に1回呼吸に意識を向ける」というような簡単なことなら、成功率が上がって達成感も感じやすいというものです。

また、5秒はあっという間だから3分くらいにしちゃおう、なんて思わないでください。急にたくさんのことを一度にすれば、いくら簡単なことでも負担に感じます。大脳基底核がいつもと違うぞ！　と思わないように気をつけなくてはいけません。毎日の習慣になって、増やさないと気持ち悪いくらいになったら増やしてみましょう。

ゆっくりゆっくり増やしていくのが、失敗しないコツなのです。

私の場合は
起床後
5秒間と
決めて
続けています

早くやせたいなら、朝起きて瞑想する

《瞑想のために、時間を作る》

Ｓｔｅｐ１では5秒でいいとお伝えし、よくばってそれ以上するなといいました。

しかし、これから逆のことをいいます。毎朝５～20分、まとまった時間連続して瞑想をしたほうが、早くダイエット脳を作ることができるのです。

混乱しないように説明しますと、短時間の呼吸瞑想時間を徹底する目的は、日々の習慣にしっかり定着させるためです。そして、スキマ時間を活用する場合のお話です。

まとまった時間をとって瞑想する目的は、短期間でやせる脳を作り上げるためです。

どちらも大切なので、ぜひ両方実践していただきたいと思います。

まとまった時間続けて瞑想するほうがよい理由はいくつかあります。

１つ目は、累積した瞑想時間が長い人のほうが、脳の変化が大きいことがわかっているからです。1日1時間瞑想すると、1年間で365時間、10年間で3560時間、30年間で1万時間を超えます。瞑想した脳を研究するときの被検者の多くがチベットの僧侶であり、毎日5時間以上の瞑想を継続しているような人です。脳の活動や神経の密度に変化を起こしたはっきりした証拠となった脳は、そのような長時間瞑想がベースにあるのです。

しかし、瞑想の経験が浅い初心者でも、脳の大きさに変化が現れるという研究もあります。ハーバード大学で行われた研究は8時間連続して瞑想をした学生を対象としており、海馬が大きくなったという結果が実証されました。1万時間とくらべると、たった8時間で変化が起きるというのは驚きです。ただし、この8時間を連続して行ったところを忘れてはいけません。

数秒間の瞑想と5分以上の瞑想には大きな違いがあります。まず、5分以上続けると脳の働き方が変わります。脳波では、目を開けているとβ波という脳波が出ていて、目を閉じたらその瞬間からα波が出てきます。ところが、瞑想している人はしばらくすると目を開けていてもα波が出てくるのです。東邦大学名誉教授の有田秀穂先生によると、長時間目を開けて瞑想しているときにα波が出ている状態では、「眠気はなく頭がすっきりしてリラックスしていた」と感じていると答える人が多いそうです。

また脳ホルモンの分泌も、時間が経ってから変化しはじめます。**心の安定にとても重要なセロトニンというホルモンがありますが、セロトニンは呼吸瞑想を始めて5分ほどで分泌が始まります。そして、分泌のピークは呼吸瞑想を始めてから20分後です。**

このように脳の活動を考えると、まとまった時間が必要ということになります。

《瞑想は朝が効果的な理由は3つある》

1日のなかでいつ瞑想するのがよいですか、という質問をよく受けます。

いつやっても効果はありますが、おすすめは朝です。

朝に瞑想するとよい理由は3つあります。1つ目は、DLPFCを活性化してその日1日よい選択ができるようになること。ＤＬＰＦＣは気づきを高めるので、甘いおやつをいくつも食べようとしている自分に気づいたり、エスカレーターに無意識にのって運動不足になっていることに気づくようになります。こうした小さな行動の選択の積み重ねが、あなたの体を作ります。賢い選択が無理なくできるようにしてくれる強い味方が、ＤＬＰＦＣなのです。

1日のできるだけ早い時間にＤＬＰＦＣの働きを高めておくと、朝から夜までの行動によい影響をもたらし、脳の疲労をとってスッキリした気持ちで1日を始められます。

夜寝る前に瞑想するのも悪くありませんが、疲労がたまっていると眠くなる確率が高まります。眠気のあるときの脳波と瞑想状態の脳波は違います。少し眠ってスッキリするかもしれませんが、ＤＬＰＦＣの活性化にはつながりません。

睡眠を十分とって目が覚めている状態で瞑想を行い、気持ちよい1日のスタートを経験すると、あまりの快適さに明日もやろうかなと思うはずです。多忙な日こそ朝に瞑想を行うと、集中力をもって行動できてスムーズにことが運ぶのです。

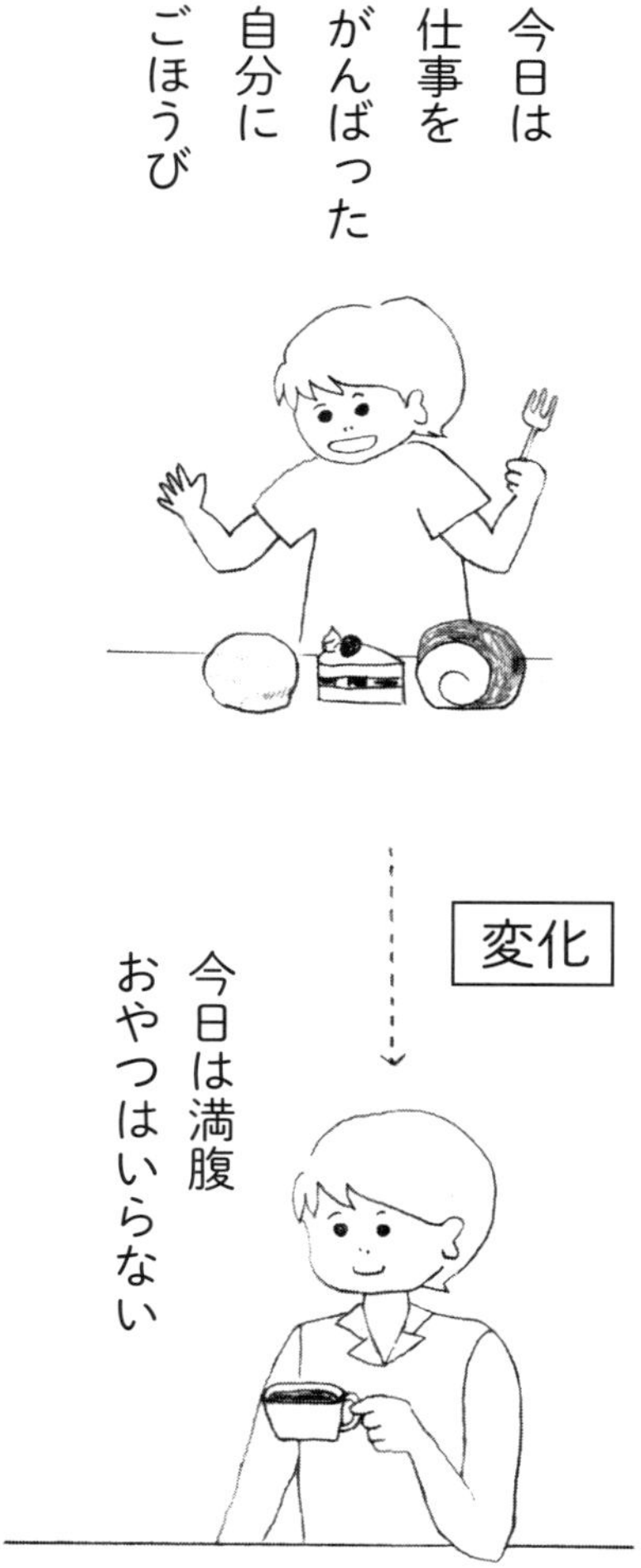
今日は仕事をがんばった自分にごほうび
変化
今日は満腹おやつはいらない

《朝の瞑想で1日が大きく変わる》

2つ目の理由は、セロトニンホルモンが出ることです。セロトニンが働いていると目覚めがよく、活発に行動できます。背筋を伸ばしたり気持ちを安定させたりする役割もあるので、1日爽快に気分よく過ごすために必要なホルモンです。

セロトニンは朝6時半から8時ごろまでの朝日を浴びるとよく分泌されます。早起きして窓辺で瞑想すると効果的です。

3つ目の理由は、早起きして朝にゆとりのある時間を過ごす習慣がつくことです。早起きすることで時間と気持ちに余裕が生まれ、時間があれば朝食をしっかり食べることができます。

健康的にダイエットするなら朝食は重要です。朝ごはんを食べなくても太らないことを支持するいくつかの研究報告があるのも事実です。しかし時間栄養学や睡眠の効率の側面も考えると、やはり私は「早寝早起き朝ごはん」を支持します。

食べ物の代謝には体内時計が関わっていて、太陽の出ている時間に食事をとることで肝臓や消化管の働きが活発になり代謝もよくなります。朝食を抜くと代謝が悪く、効率よく脂肪を燃焼させることができません。さらに、昼食で入ってくる糖質が一気に血中に入り、その糖質が肝臓で脂肪を作り出してしまいます。

朝5分から
始めよう
5分でも早く寝て
朝の瞑想を実行し
やせる脳を手に入れよう

呼吸瞑想がうまくできない人は意識を集中する練習を！
―手を使ったムービング瞑想

《指先の感覚を研ぎ澄ます》

手の指先は、もっとも感覚神経が発達しているところです。

大脳では、体性感覚野という部分で体の感覚をキャッチしています。体性感覚野のなかでも、この部分は頭、この部分は手、というように体の部位それぞれを感じる脳の領域が決まっています。カナダの脳外科医ペンフィールドは、体の感覚が対応する脳の部位に人体のイラストを当てはめて小人のような絵で表しました（図１）。

この図を見るとわかるように、手指の領域はほかの部位と比較にならないくらい大きいです。大きいということは、それだけたくさんの脳細胞が働いて感覚をキャッチしているということです。

医学生のころに行った実験に、２本の針を狭い間隔で並べたもので体のいろんな部位を刺激して、２本の針と感じるか１本の針と感じるかを調べていくというのがありました。背中は１

本のように感じるのですが、同じもので指先を刺激すると2本で触っているということが瞬時に識別できました。

指先の感覚がいかに鋭いか、ということを知っておもしろく感じたのを覚えています。

このように繊細な感覚をもつ指先を使ったワークが、手のムービング瞑想です。

ムービング瞑想は、呼吸瞑想と違って意識を向ける対象がはっきりしているので、意識を集中する練習にはよい方法です。

私のセミナーでは初めてマインドフルネスを学ぶ方には、呼吸瞑想より先に実践してもらっています。

では、ムービング瞑想をやってみましょう。

◌ペンフィールドの地図

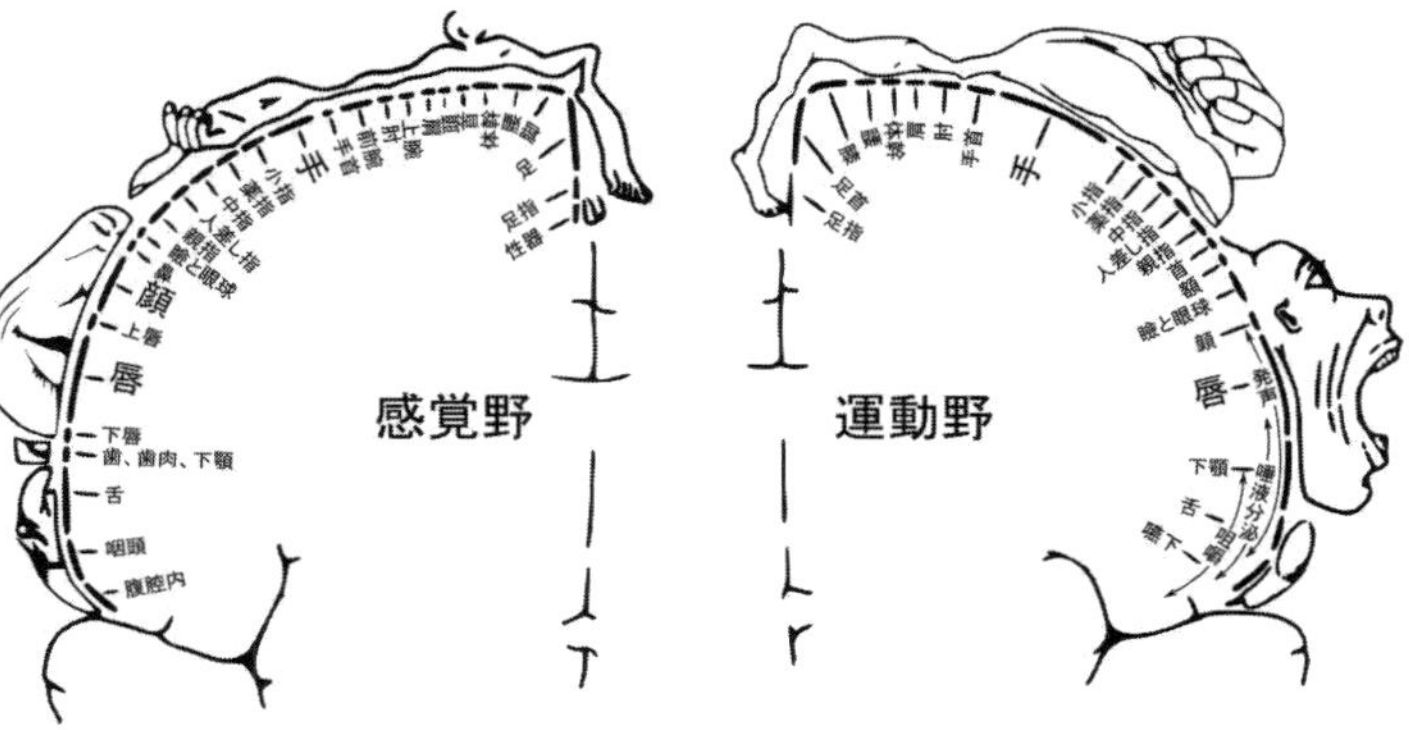

ムービング瞑想は立って行っても、イスに座ったままでもかまいません。

まず、両手を体の横にだらんと下ろします。その状態で指先の感覚に集中してみましょう。10秒以上そのままじっとして、どんな感覚があるのか観察します。

数秒経つと重力に従って指先の血管を流れる血液の量が増えてきます。

ゆっくり両腕を広げていき、両腕が床と水平になったところでいったん動きを止めます。広げていく間も、意識は指先に向けたままです。

腕が上がるにつれて指先の血液の循環量や血圧が変わるので、何か変化を感じるかもしれません。

水平に手を広げている状態での指先の感覚をしばらく観察します。

今度は両手を頭の上までゆっくり上げていきます。指先が心臓よりずっと高いところにあるので、血液の流れる量は減って血管にかかる圧は下がります。

またそのとき、室内の上部と下部の温度の違いを感じるかもしれません。

再び腕をゆっくり下げながら、指先の感覚の変化に意識を集中します。

下まで下ろしたら、また頭上まで上げます。

これを2回か3回くりかえします。

じわじわ来る

血流を

めちゃ感じます

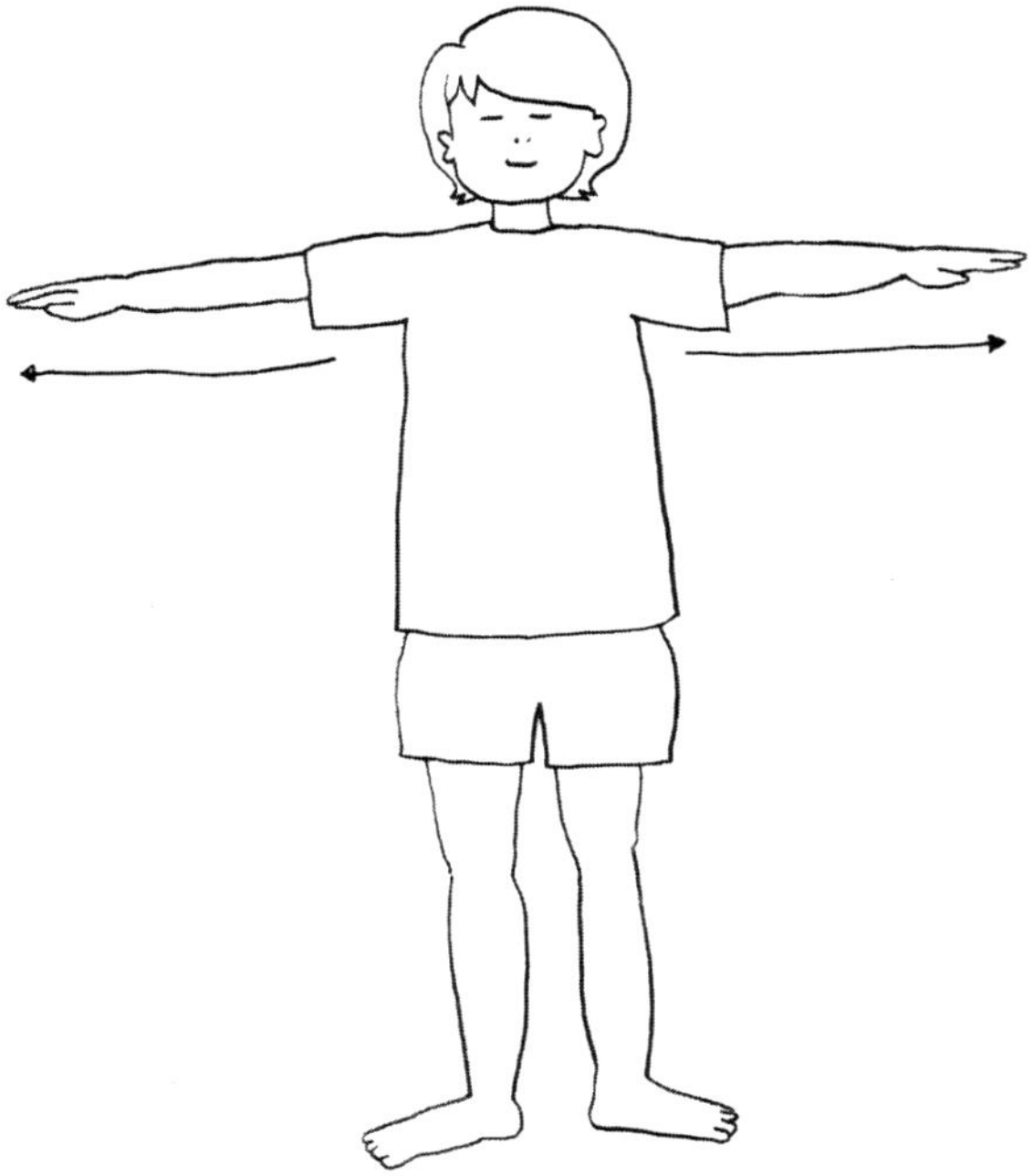

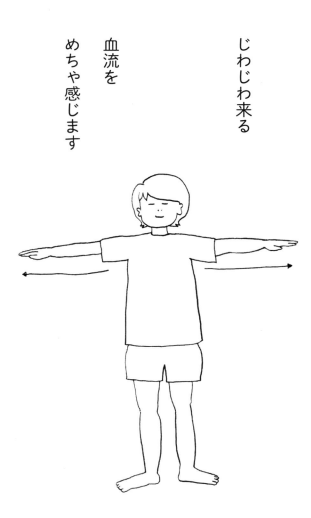

自律神経が乱れると太る
——ゆっくり息を吐けば整えられる

《緊張とストレスにさらされ続ける現代人は太りやすい》

私たちの自律神経には、交感神経と副交感神経の2種類があります。このどちらかが活発になりすぎると体は不調をきたします。

交感神経は敵と戦ったり逃げたりするときに役立つ神経で、危機に備える働きをします。短距離走のスタート直前のように筋肉を緊張させ、いつでも戦うか逃げられるように体が変化するのです。

手足の血管は収縮し、脈は速くなり、全身を血が駆け巡って心臓の働きを活発にします。呼吸も速くなります。瞳孔は開いて敵を見逃さないようにしています。

トイレや食事をしている場合ではないので、胃腸の消化する動きは弱まります。

副交感神経は、リラックスしているときに活発になる神経です。

心臓の鼓動はゆっくりになり、血管は広がります。呼吸もゆっくりになって酸素を無駄に消費しません。

また、副交感神経が活発になると消化管の働きも活発になります。食行動をスムーズに行い、栄養を吸収してエネルギーを作り、排泄も促します。戦わない間に体を休ませつつ、必要なエネルギーを作りメンテナンスをするのです。

眠っているとき、食事をしているとき、入浴しているときは、この副交感神経が活発になっています。


大昔、人間が狩りをする生活をしていたころは動物におそわれる危険がありましたが、戦ったり逃げたりするのは何時間も続くことはありませんでした。

しかし、現代人の多くは緊張とストレスにさらされ続けています。トラもいないのに、いつも体は戦う姿勢でがんばっているのです。

副交感神経が働く時間があまりにも短いと、肩こり、腰痛、頭痛をきたし、血圧が上がり、代謝も悪くなります。


肥満も自律神経の乱れと関係しています。

《息をゆっくり吐けば副交感神経が活発になる》

そこで、代謝を高めたり、生活習慣病を予防したり、緊張をゆるめて体のストレスをやわらげるためには、働きすぎの交感神経の活動を抑えて、副交感神経の働きを高めることがポイントになります。

肩の力を抜くと筋肉の緊張はやわらぎますが、実は自律神経のほとんどが自分の意思とは無関係に働きます。

交感神経の働きを抑えるために血管をゆるめようとか、心臓の鼓動をゆっくりにしようとか、いくら頭で指令を出してみても、残念ながら体は言うことを聞いてくれません。

ところが、呼吸を整えると自律神経を調整できます。

息をゆっくり吐き出すと、自然に副交感神経が優位な状態を作り出すことができるのです。

ドキドキするときや、心配事があるとき、疲れがたまっているときには、ぜひ呼吸瞑想の時間を作って自律神経を整えてみましょう。

息をゆっくり吐くだけで
副交感神経が整う
＝
ストレスを和らげる。
すごくないですか？

ダイエットでワクワクする
――未来を描く瞑想

《イメージを描いてダイエット目標を達成する》

ビジュアライゼーションとは、夢が叶った自分の様子を鮮明な映像として思い描く方法です。大脳は左大脳半球（左脳）と右大脳半球（右脳）に分かれていますが、映像を思い浮かべたときに働くのは右脳です。

日本では、ほとんどの学校で左脳を重視した教育が行われています。左脳で文字を読んだり、聞いたり、書いたりして理解し、記憶します。しかし残念なことに、左脳に情報が入っても使わなければ、ほとんどを忘れてしまいます。85～95％は7秒後には忘れ、残った10～15％も2年後にはほとんど忘れます。2年以上保てる長期記憶に残るのは、わずか1～2％しかありません。しかしイメージ化して右脳を使って入った情報は忘れにくいという特徴があります。

つまり、何かを頭にしっかり記憶しようと思ったら、映像を思い浮かべたり、絵に描いたりすると記憶に定着する確率が上がります。

そして、私たちの記憶に残った情報は、入ってくる情報にも影響しています。たくさんの情報のなかから、私たちは必要な情報を選んで取り入れています。不要なものは視界に入っても、脳で認識しないので見えていないのです。

ハーバード大学の研究室が作成した「選択的注意テスト」という有名な特別実験があります。動画を見て、白シャツと黒シャツに分かれたバスケットボールチームの黒シャツチームのパスの回数を数えるという実験です。ＹｏｕＴｕｂｅに公開されているので、ぜひご覧になってください。目に入ってくるものは意識で変わる、ということが実感できます。

脳に到達する情報が限られるのは、脳幹網様体という脳の部分のしわざです。目に入ってくるもの、聞こえてくるものの情報量はあまりに膨大なので、人間は脳幹網様体でフィルターをかけて必要な情報だけを脳に到達させる仕組みをもっているのです。

例えば、普段は時計の秒針の音は聞こえないのに、気になりだすとうるさく感じるほどです。たくさんの顔写真のなかで、自分の顔や好きな人の顔はいち早く目に飛び込んできます。

そのため、達成したいことや欲しいものなどをいつも鮮明に思い描いて脳にインプットしておけば、それに関する情報が目や耳から飛び込んでくるようになるので、自然と目標達成への

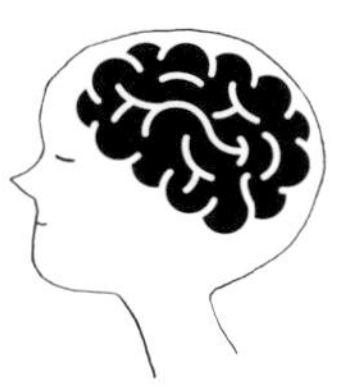

手段や人脈などを手に入れることができるようになります。

自分がやせられるチャンスを逃さないためには、右脳と脳幹網様体をフル活用して、理想像や手に入れたいもののイメージを頭に描いておき、記憶に定着させることが大切なのです。

《有名人や昔の体型を目指すのは逆効果》

ダイエットをするときによくやりがちなのが、好きなモデルや芸能人の写真を切り抜いて見えるところに貼るという行為です。

近ごろ流行りのダイエット指導の現場にも、わざわざモデルの写真をもって来させるところもあります。雑誌のモデルの写真を見てイメージするのは理に適っているようですが、ダイエットに関してはこのやり方はおすすめしません。

モデルとあなたは違う個体だからです。いくら犬になりたくて犬の写真を貼ったとしても犬にはなれないように、違う人間を目指してもそれを手に入れることは不可能です。10年以上前のやせていたころの写真を引っ張り出してきて、このようになると宣言する人もいますが、それもおすすめしません。老化防止の努力には賛成しますが、元の体に戻そうとするのは無理があります。タンパク質は一度変化すると元には戻りません。

無理な理想を描くと鏡に映った自分と見くらべたとき、「まだまだ努力が足りないのかな」と自分を否定する気持ちを作り、自己肯定感を下げることになります。理想の未来を描くなら、「あなたがどうなりたいか」を考えてください。幸せを感じるかどうかは、あなたの心が決めるのです。

《肯定的な未来のイメージにひたろう》

思いっきり自由に、なりたい自分を思い描いてください。

――何年後の自分を思い描きますか？
――どんな服装をしていますか？
――世界中の自信があなたにあったら、どんなふうに歩いていますか？
――最高の環境のなか、あなたはどんなところにいますか？
――そこからどんな景色が見えますか？
――どんな音が聞こえますか？
――何をしていますか？

――誰と一緒にいますか？

――どんなことを話していますか？

――自信があったら、どんな表情をしていますか？

――理想の自分になって過ごしているあなたは、どんな気持ちですか？

――願いが叶った自分を見て、家族や大切な人はなんと言ってくれますか？


目標や願いを達成し、大きな自信を身につけた理想の未来の自分を頭に描いてみてください。

ゆっくりと呼吸しながらそのイメージを浮かべ続けます。

目標を達成したり、願いを叶えたときの喜びを感じてください。

うれしい気持ちを感じて、前向きな感情にひたります。

こうしたイメージを、今だけでなく、1日に1回か2回くりかえします。毎回、目標を達成した自分から始めます。感情にひたり、細かいイメージを付け加えていきましょう。

では、静かに2、3回呼吸に集中します。

ゆっくり目を開けて戻ってきてください。

私の未来は
姿勢よく歩いていたい
おだやかな顔
家族や
友人は
「明るく健康そうね」と
言ってくれる。

自分へのダメ出しは太る原因になる クレーマーではなくサポーターになろう

《自分に対する批判に気づく》

気がつくと自分のことを批判していることはありませんか？

「また甘いものを食べてしまった。やっぱり私は意志が弱い人間なんだ」というふうに、自分にダメ出しをする言葉はクセになります。**ダメ出し言葉は潜在的な自己否定につながり、自信を失ってダイエットの成功率を下げる元凶です。**

そのように批判する言葉をいつも自分に投げかける人を、ここではクレーマーと呼びます。自分自身を困らせて停滞させる、もう一人の自分です。

クレーマーは物事の一部だけを見てこうだと決めつけ、批判ばかりします。また、クレーマーはうまくいかないと自分を責めたり誰かのせいにしたりします。

批判したり責めたりしたところで、事態は好転しません。ダメな自分というレッテルを貼り続け、よけいにダメな自分を頭に植え付けます。

一方、自分自身を応援し、成長させる人をサポーターと呼びます。サポーターは、問題があったときに自分を責めるのではなく、どうしたらうまくいくだろうと自分に問いかけ、よくなるように努力をします。

現状をよくするために一緒に考えて、解決するための行動を応援する、もう一人の自分です。

この人はクレーマーで、この人はサポーターとはっきり分かれているわけではなく、誰の心のなかにもサポーターとクレーマーがいます。自分のなかにいるクレーマーとサポーターに気づいて、サポーター気質を増やす意識をもってみましょう。

・老化の事実から目をそらさない
・過去について悩まない
・自分の体重を受け入れる
・できることはチャレンジする

食べすぎるのを人のせいにしない
―食べたい気持ちが自然と頭から消えている

20年近く内科の外来をやっていると、いろんな方が来られます。そして患者さんのやせたいけれどやせられないときの言葉が似ていることにだんだん気づいてきました。

食べるのを何かのせいにするのです。

家族が仕事でお土産をもらってくるからお菓子を食べるとか、家族がすすめるからビールを飲むとか、仏壇にそなえているお菓子が見えるので我慢できなくなるとか。

職場のせいもよくあります。ランチに一緒に行かないといけない、弁当のあとにおやつをくれるから、などなど。

太る体質だからとか、ストレスがあるからというのもあります。

気持ちはわかりますが、どんな環境にあったとしても食べ物を口に運んでいるのは、まぎれもなく「その人の手」なのです。

小さな新しい習慣が積み重なって、気づいたらそれが普通になり、その結果、あなたの体が健康になるのが理想です。どうしても食べたかったり飲みたかったりしていたものが、自然に頭から消えている。そんなこともマインドフルネスの工夫とコツ次第で可能になるのです。

みんながすすめるから食べてしまうの？

朝の瞑想を実践してみた

START

1日300〜500グラムずつ減る
ドカ食い・おやつ欲が止まる

1週間

生理前・整理中に
少し停滞したものの
おやつやお酒の量が減る

2週間

集中力が増して
頭がスッキリ・ポジティブ
モヤモヤして食べすぎ…
なんてことがなくなる

3週間

**1ヶ月で
4キロ減**

朝7時〜7時半まで
窓辺で瞑想

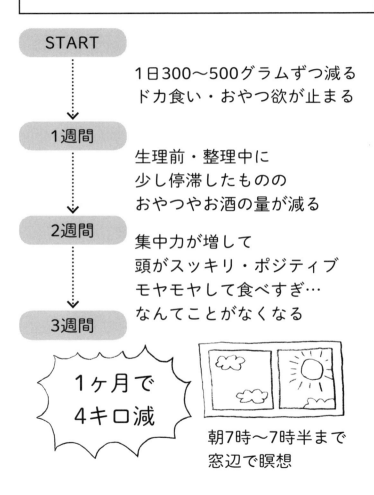

第3章

やせる食べ方を実践する

パクパク食べたい衝動が抑えられる——食べる前のひと呼吸

《とても大事なひと呼吸》

食べる前に1回深呼吸することが、食欲を抑えるのにとても役に立ちます。

私たちが普段行っている呼吸は自律呼吸といって、無意識に横隔膜が動くことで呼吸が成り立っています。横隔膜が下がることで肺が広がって空気が体に入り、横隔膜が上がることで肺が縮んで空気が外に出ていきます。これを胸式呼吸ともいいます。

それに対して、ここでおすすめする深呼吸は、横隔膜ではなくて腹筋を使います。腹筋をゆるめることで横隔膜が下がり空気が入る、腹筋に力を入れて縮めることで横隔膜が上がり空気が出ていくという仕組みです。

前章でも触れましたが、ゆっくり息を吐くことによって副交感神経の働きが高まります。

食事をしたあとは副交感神経が高まりリラックスした体の状態になりますが、食事をする前の空腹状態は交感神経が活発になっています。**そこで息をフーッと吐き出して食後のような自**

律神経のバランスに近づけておくと、食べすぎを防ぐことができるのです。

《食欲を我慢できない人の脳》

ある食べ物を見て、食べようかな、やめようかなと考えて決めることもありますが、多くの場合は考える前に口に運んでいます。無意識のうちに決定してしまっているのです。この行動の積み重ねが、食べすぎや栄養素のかたよりにつながります。食べはじめる前には少しだけと思っていたのに、気がついたら全部食べてしまっていた経験もあるのでは？

人が無意識に食べる行動について調べた大阪市立大学の興味深い研究があります。

健康な男性20人にわずか0・0167秒だけ食品の写真またはモザイクの写真を見せ、そのあとは風景の写真を見せます。男性たちにはどのような写真か知らされておらず、食品やモザイクの写真が提示されるのは瞬時なので、それを見たことに気づいていません。その写真を見る前後で心電図を使って自律神経の働きを調べたところ、食品の写真を見たあとは交感神経の働きが高まっていることがわかりました。

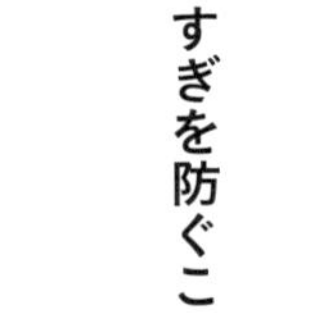

また、脳の活動を見る検査の脳磁図では、交感神経が活発になっていると、食べるのを我慢する行動と関係している脳の部位（下前頭回・島皮質）が活動していました。さらに、食品の

写真を見たあとに交感神経が活発になっている人ほど、食べたいときに我慢ができない傾向があることがわかりました。

つまり、無意識のうちにその人特有の脳の習性が影響して、食べる行動を選択してしまっている可能性があるのです。食べたいときに我慢できない習性のある人は、交感神経が活発になりやすい人、ということになります。

交感神経と副交感神経はシーソーのような関係です。一方が活発になれば、一方は静かになります。交感神経をしずめるために有効な手段は、副交感神経の働きを高めることなのです。

無意識にパクパク食べ続けるのをやめたければ、食事の前に1回でも呼吸に集中して副交感神経を高めてみましょう。

《空腹感や体調を意識して食べる》

食卓について箸をもつ前に、姿勢を正してひと呼吸したら、今の気分や体調にも目を向けてみましょう。緊張していますか？　リラックスしていますか？　イライラしていますか、楽しいですか？　ひどく疲れているでしょうか？　それとも活力にあふれているでしょうか？

日々体調は変るのに、私たちが食べるものや食べる量はだいたい同じです。体調に合わせて食べられる量は変わります。食欲がない日に無理していつもの量を食べる必要はないし、お腹がぐうぐう鳴るような空腹なら、それに見合った量を食べればいいのです。

パレオダイエットをご存知ですか？　1万年以上前の旧石器時代のようなライフスタイルを目指すダイエット法です。

パレオとはPaleolithic man（旧石器時代人）からきています。農耕が始まる以前の食生活なので穀物は少なく、肉や野菜が中心です。天然素材がメインとなり、添加物や加工食品はあまり摂取しません。人間本来の体の働きを意識した生活なので、極端なやせ方はせず、タンパク質や脂質が適度に摂取できる方法です。本当に狩猟採集民のような食材ばかりで生きていくのは困難ですし、どの地域や民族を基準にしているのかもわかりません。

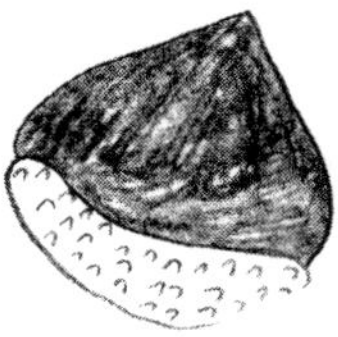

賛否両論あると思いますが、私がおもしろいと思ったのは、食べ方です。お腹が空いたら食べる。空いていなかったら食べない。空腹具合を基準に食事をするタイミングを決めているのです。体が必要だと感じたら食べるということは、自分の空腹感や体調を常に意識しているということで、ある意味マインドフルな生活といえるのではないでしょうか。

食事に集中しないと太る・老ける
―プチ・デジタルデトックスしよう

《スマホ、テレビを遠ざける》

テレビやスマホを見ながら、新聞を読みながら食べるのが当たり前になっていませんか？　テレビに夢中になって食事をしているとき、人は無意識に手を動かし続け、口に食べ物を運んでは飲み込むのをくりかえしています。

口に入っているものを飲み込む前に、手は次のひと口を口に入れようとしています。

絶えず手と口を動かし続けると、食べるスピードは上がります。

きっと気がついたらお皿が空になっていることでしょう。

満腹中枢が信号を受け取るより早く食べてしまうと、十分にカロリーをとっているのに小腹が空いている感じがします。そうしてついつい、おかわりしたくなったり、デザートを食べたくなったりするのです。

また、早食いすると空っぽの胃に食物がどっと流れ込むので、胃腸に負担がかかります。たくさんの食事を処理しようとして、胃酸などの消化酵素が一度に分泌されます。これは体にとってかなりのストレスとなり、老化を速める原因にもなっています。

さらに、意識が食べ物に向いていないと、味に鈍感になってしまいます。味わうことに意識が向いていないと、味への感受性が下がり、味付けが濃くなり、塩分や糖分の摂取量が増えることにもつながります。

そこでまず、食事の前にテレビはオフ！　テレビが見えない位置に食卓を置くのが一番です。

また、テーブルの上には食べ物以外をのせないようにしましょう。目に入ると意識がそこに向いてしまいます。

とくに要注意はスマートフォンです。スマホを見ながら食べるつもりがなくても、着信音が鳴ってつい手が伸びたり、気になることをちょっと調べたり、食事に集中できなくなります。

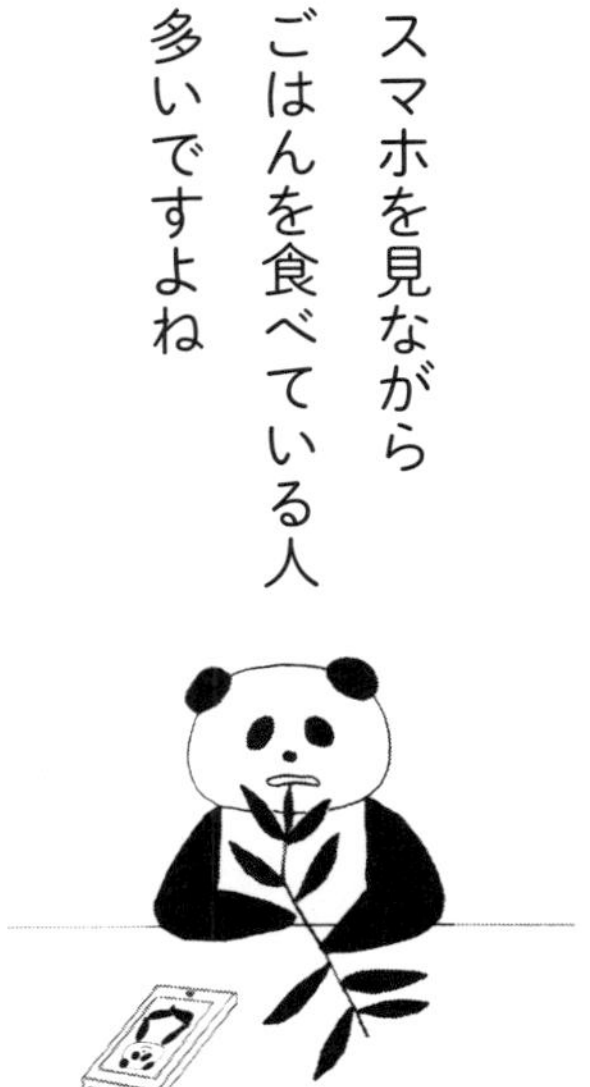
スマホを見ながら
ごはんを食べている人
多いですよね

あなたはスマホを家に置いて出かけることができますか？　とても不安に感じるなら、精神的に依存している可能性があります。あなたのスマホ依存度をチェックしてみましょう。

左記はアメリカのキンバリー・ヤング博士によって開発された世界でもっともよく使われているインターネット依存度テストや、韓国情報化振興院で使われている質問項目を参考にして、現代の日本人用に私が考えたものです。

何項目以上が依存症、と診断するためのものではありません。当てはまる項目が多いほど依存している可能性が高いと考え、自分をふりかえるのに役立ててください。

・スマホをお風呂の入り口までもっていく
・トイレや信号待ちでスマホを見てしまう
・起きたらまずスマホをチェックする
・気づくと、思ったより長い時間スマホを見ている
・家族や友人と会話するより、スマホを見るほうを優先する
・メールの着信があったら、何かに取り組んでいるときでも中断してチェックする
・深夜まで睡眠時間を削ってスマホを見ていることがある

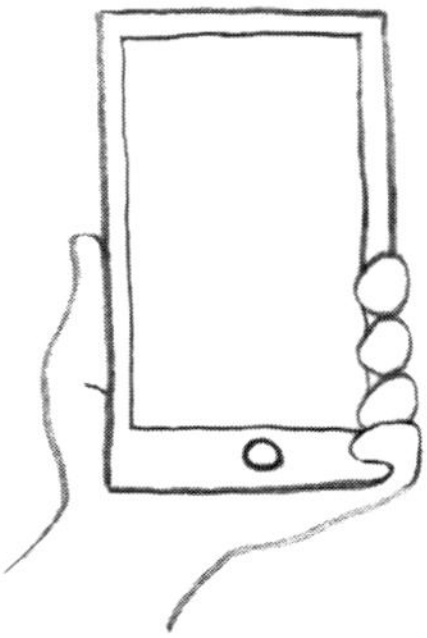

・手もとにスマホがないとイライラし、近くに置いておくと嫌な気持ちが消える
・スマホを見ている時間を減らさなくてはいけないといつも考えている

当てはまる項目が多かった方は、スマホに気を取られている自分に気づいて、スマホによって疲労したり健康を害することがないように対策を立てていきましょう。

たまにはスマホやテレビから解放された時間を作ることが、脳を休ませるとっておきの方法です。それが、デジタルデトックスです。

近ごろいくつもの宿泊施設で、デジタルデトックスを楽しむプランが用意されています。デジタル機器を受付で預かり、滞在中はデジタル機器から離れて過ごすのです。デジタル機器どころか、電気を使わない旅館も人気です。太陽が昇ると活動し、太陽が沈むと静かに休む生活を想像すると、いかに私たちが電気や機械に心が支配されているかがわかります。

マインドフルネスではリトリートといって、数日間泊まり込みで朝から晩まで瞑想だけを行う合宿のようなものがあります。そこではスマホのもち込みは禁止です。

時計もなしの場合もあります。インターネットや人工的な明るさ、時計などからいっさい解放され、ありのままの今ここ、自分に意識を向けることができるぜいたくな時間です。

少しの量でも満たされる訓練 ——チョコレート瞑想

食べる瞑想とは、小さな食材を使って食べる行為にしっかりと意識を向ける方法です。

マサチューセッツ大学医学部で行われているマインドフルネスストレス低減法では、プログラムのはじめにこの食べる瞑想を行っています。

医学部で行われるプログラムに参加する人でも、初めはマインドフルネスや瞑想に「何か神秘的なこと」というイメージをもっている人が多いようです。

単にリラックスすることだと思っている人もいます。そこで、正式なトレーニング始める前に、思い込みを取り除くための食べる瞑想を実践してもらうのです。

そこで使われている食材はレーズンです。

今回は、チョコレートを使ったトレーニングをご紹介します。このチョコレートを使う方法は、アメリカの教育用動画プログラムGo Strength onlineでも取り入れられています。

アニメーションで宇宙人が食べ方を教えてくれる動画はなかなかシュールで可愛いく、わかりやすいので気に入っています。日本語訳はありませんが、興味があればご覧ください。

食べる瞑想を行うと、マインドフルネスが気づきを高める脳科学的な方法であることを実感していただけると思います。

では、これから一緒にやってみましょう。

チョコレート以外の食べ物で応用してもかまいません。用意はいいですか？

好きな
チョコレートを
用意して
やってみて
くださいね。

①重さを感じる

まず、包み紙を開けずにチョコレートを手のひらにのせます。
一粒のチョコの「重さ」を感じてみます。
こんな小さな一粒にも重みがあることを感じましょう。

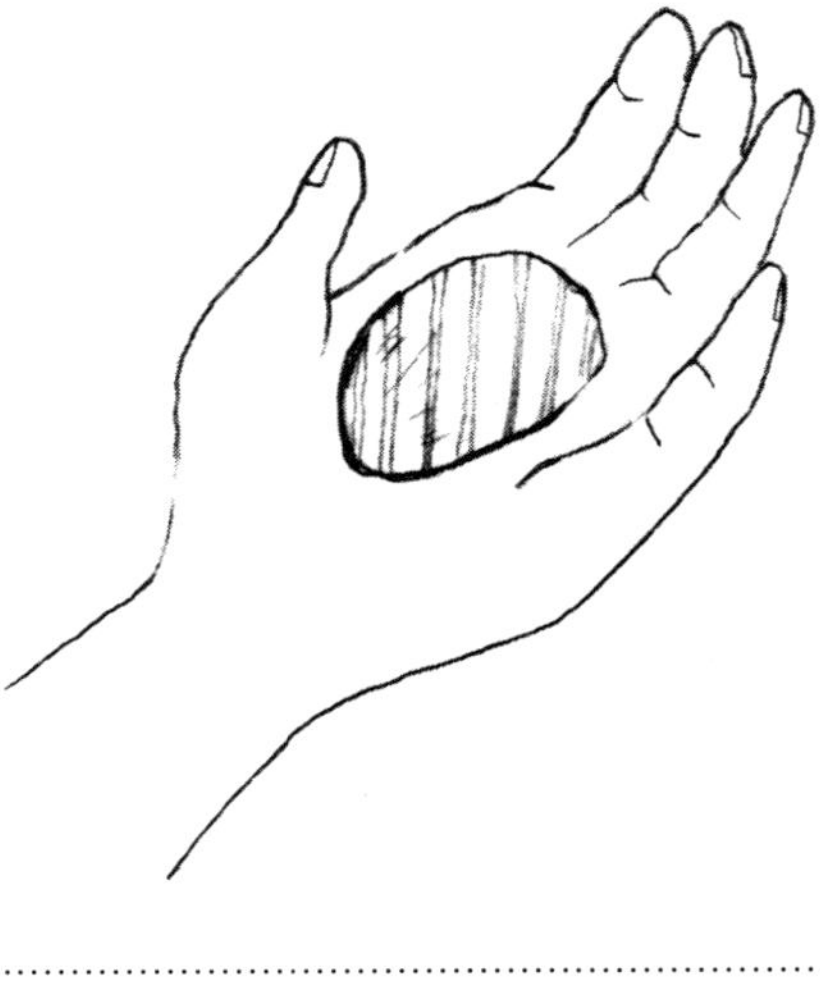

❷触る

では包み紙を開けます。透明フィルムで横をねじってあるもの、袋状になっているもの、紙で包まれているものなど、いろんなタイプがあると思います。

指先で包みを開いたら、手のひらにのせたり、人差し指と親指でつまんだりして触ってみます。硬い、ベタベタするなど、指や手のひらの感覚に集中します。

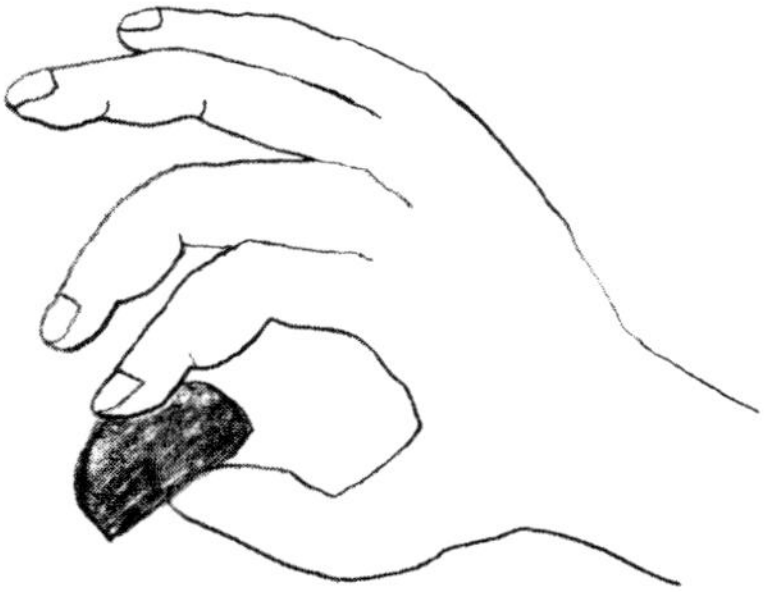

❸見る

そのチョコレートをよく「見て」みます。
もち上げて光にかざしたり、角度を変えたりして、色や形をじっくり観察しましょう。

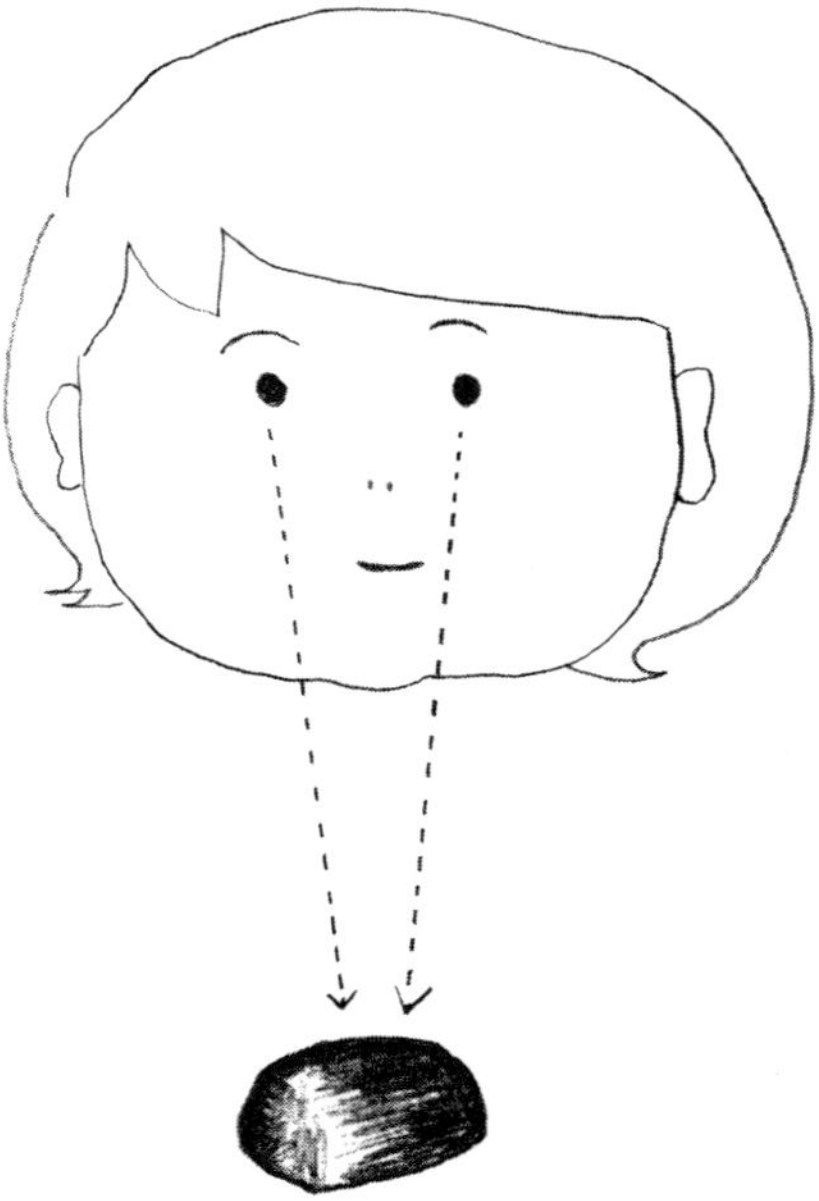

❹聞く

チョコレートを耳の近くにもっていき、音を聞いてみます。
チョコレートの音を聞くのは、どんな感じがしますか?

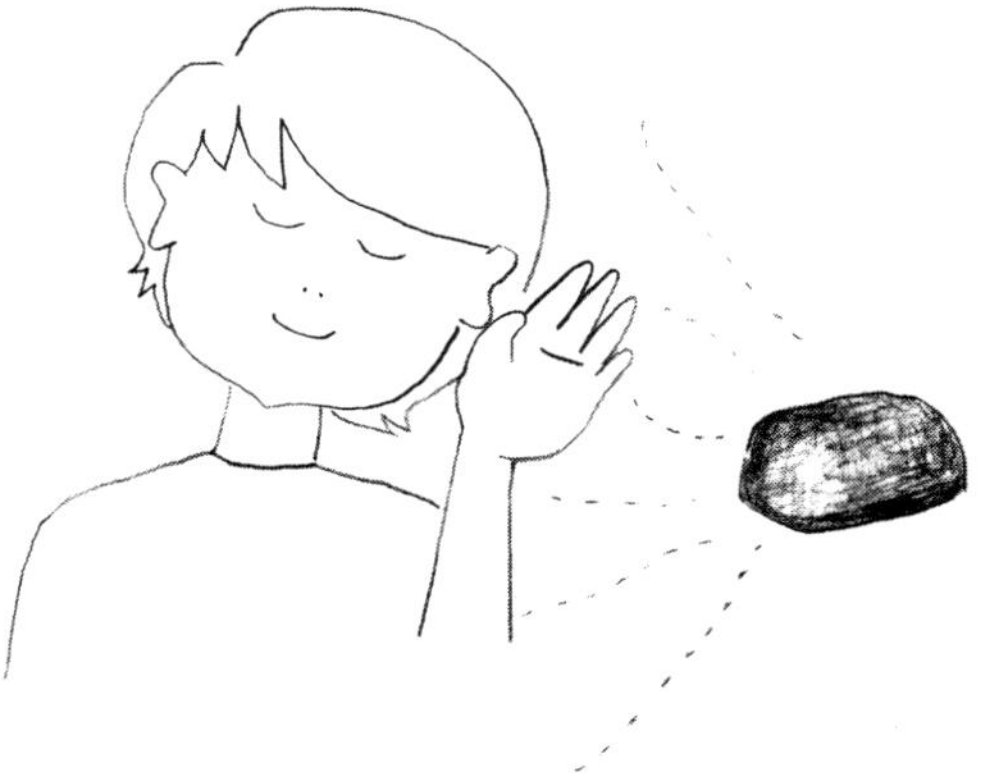

⑤思いに気づく

チョコレートに対する「思い」も観察してみましょう。好きとか嫌いとか、美味しそうなど。じっくり眺めたり、音を聞いたりしていると、バカバカしく感じるかもしれません。早く食べたい、お腹が空いた、チョコレートを食べたときの思い出など、浮かんでくるさまざまな思いがあることに気づいてみます。

おいしそう

大好き

ビターが好き

⑥香る

次に「香り」を感じます。甘い香り、心がいやされる香り、ほっとする香り、食欲をそそる香りなど、自分なりの感じ方で集中します。唾液が出てきましたか？

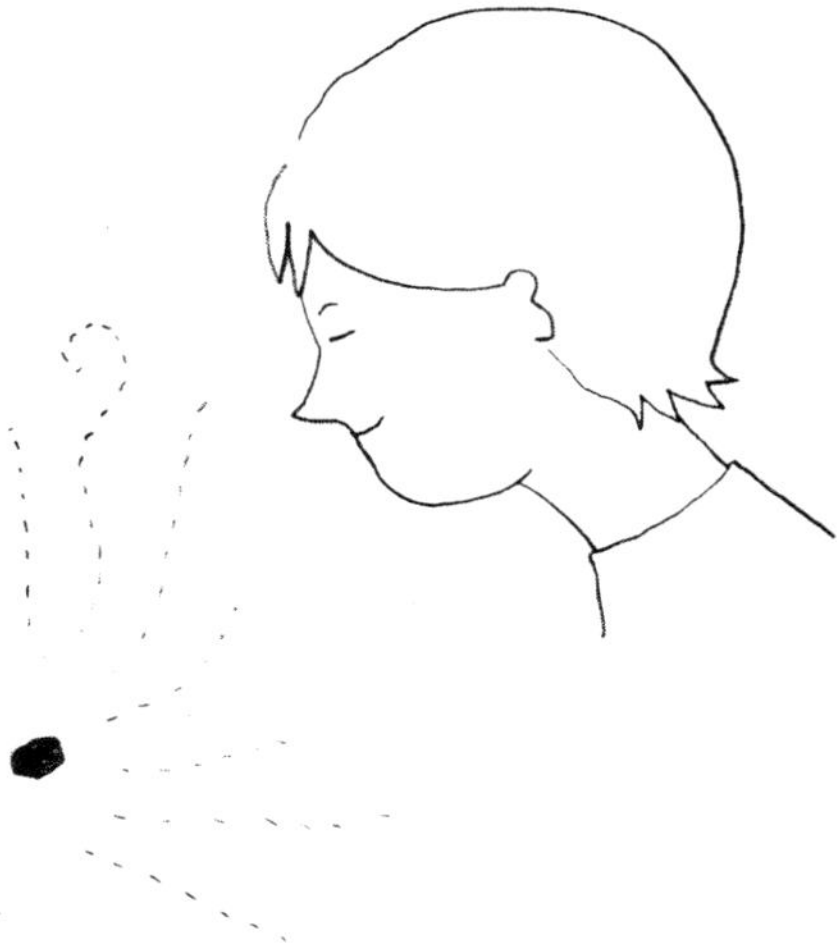

❼なめる

食べる前にちょっと「なめて」みましょう。舌触りや味を感じます。

❽唾液

これからこの小さなチョコレートを3口で食べます。1口目をかじってみましょう。かじったチョコレートを舌の上にのせて、溶けていくのを感じます。溶けたチョコレートのねっとりした感じや、味が口のなかに広がるのを感じます。

唾液が出てくるのを感じて飲み込みます。

⑨ノドの奥

飲み込むときに、唾液や甘みがノドをとおる感覚に意識を向けます。

ゴクリと飲み込むと、あとは反射的な運動で舌の奥の筋肉がぎゅっと縮んで食べ物を食道へ送り込んでいきます。

さらに、唾液とチョコレートが食道の上から下に降りていくの観察しましょう。

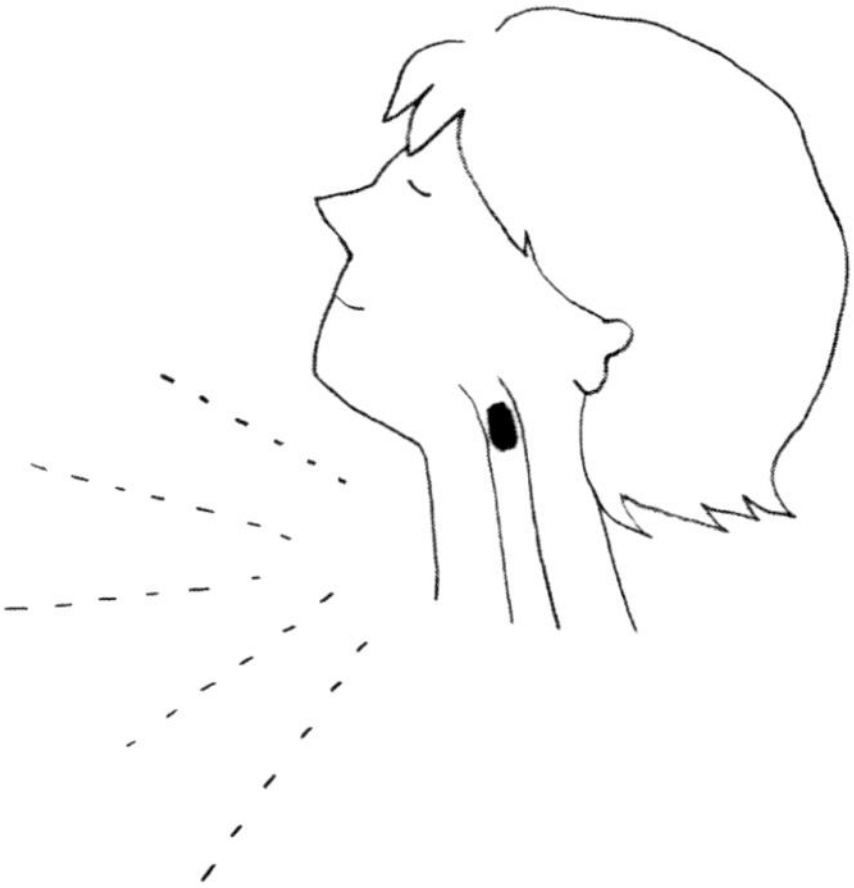

⑩歯・舌の動き

次に2口目をかじります。今度はチョコレートを噛《か》んで食べます。上下の歯が動いてチョコレートを砕いてすりつぶしているのがわかりますか？ 硬さや軟らかさを歯で感じます。

ある程度噛んだら、小さくなったチョコレートを舌が集めたり左右に動かしたりしていることに意識を向けます。舌は食感や味を感じる以外に、食べ物を集めてノドの奥に運ぶ働きもしていることを感じます。

⑪自由に味わう

最後の３口目は、好きなように食べてみましょう。

ここでは五感をフルに使って自由に香り、音、思い、口のなかの感覚などを楽しんでください。食べ物や自分自身に意識をしっかり向けて味わうことを楽しみましょう。

とらえかたは人それぞれなので、こう感じなさいと強制することはできません。

しかし、この食べる瞑想をとおして、無意識に食事をしている自分に気づき、食事に意識を集中することで観察力が高まり、食べ物をありのままに感じて味わって楽しむことができるようになれば呼吸、自律神経、食べる量や速さが整い、やせることにつながります。

食べすぎた！にならない——食事中の箸置き瞑想

《ひと口食べたら箸を置く》

チョコレートで食べる瞑想をしたら、今度は実際の食事でマインドフルに食べてみましょう。どんな食事でも大丈夫です。

手を合わせて「いただきます」をしたら（これ大事です）、ひと呼吸します。

箸をもって１口目を口に入れます。口に入れたら、箸は一回箸置きに戻します。

そして、チョコレート瞑想のときのように五感をフルに使って、１口目をしっかりと味わいましょう。

ちゃんとやったらひと口食べるのにも時間がかかるはずです。

きちんと飲み込んだら、箸をもって次のひと口を食べます。

とても時間がかかるので毎食この食べ方をするのは無理がありますが、時間がとれるときには30分以上かけてゆっくりとひと口ひと口味わってみましょう。

おすすめしたいのは、忙しいときでも食事の途中で一回箸を置くことです。そして一回深呼吸。

自動操縦で食べ物を口に運んでいないか、どのくらいお腹が満たされてきたかに注意を向けて、再び食べます。不思議なことに、途中で一回休むと食欲が落ち着きます。

買ったお弁当のご飯が多いなと気づいたら、半分残すという冷静な行動にもつながります。

《目を閉じて、よりマインドフルに味わう》

じっくり味わいたいときには、食べ物を口に入れたら目を閉じてみましょう。目からの情報がなくなるだけで、味の感受性がぐっと高まります。香りもより感じられるはずです。

料理は見た目も大切な要素ですが、口に入れたらその食材をじっくり味わうひとときを楽しんでみるのもおすすめです。

想像力を働かせて、高級レストランや海外旅行を楽しんでいる気分になることもできます。例えば、ごま油の香りの効いたチンゲン菜の炒め物を作ったら、ひと口食べて目を閉じる。ここは香港の高級な中華料理店。周りのお客のにぎやかな話し声も聞こえてくるようです。いい香りを堪能しつつ、シャキシャキした野菜の歯ごたえを感じ、しっかり噛んで飲み込みます。

行ったことがなくても、行く暇がなくても、その気分を味わって幸せな気持ちにひたってみるのはいかがでしょう。瞑想といっても小難しく考える必要はありません。自分が何で幸せを感じるか、ちょっと考えてみましょう。どこで食べるのか、誰と食べるのか、どんな雰囲気がワクワクするのか、リラックスするのか、イメージするだけでも幸せな気持ちになりませんか？

イメージすることで、より意識を集中してマインドフルに食べることができます。

《無意識にどんどん口に入れ続ける食べ方が止まる》

ひと口ずつ味わったり、高級料理店の客になりきって食べているときはマインドフルになっているので、無意識にどんどん口に入れ続けることはありません。

気がついたらお皿が空っぽに！　という事態にはならないでしょう。

しかも幸せな食事を楽しめているなんて、素敵です。

マインドフルネスは世俗から離れるための修行ではありません。

人生を楽しむための方法です。

ダイエットするなら、苦しんだり我慢するより、楽しんでいたらいつの間にかやせていた、というほうがいいに決まっています。味わうだけとか空想するとか非科学的でとてもやせる方法には思えないかもしれませんが、これはちゃんと脳科学的に説明がつきます。

くりかえしになりますが、何かに意識を集中し続けようとすることが、前頭前皮質のＤＬＰＦＣの働きを高めます。その何かとは、呼吸でもいいし、食事でもいいのです。

ＤＬＰＦＣは目的達成のための実行力や注意力、判断力を司る部位です。

食事のひと口に集中する時間を毎日少しでも積み重ねていくことが、やせる脳を作るのです。

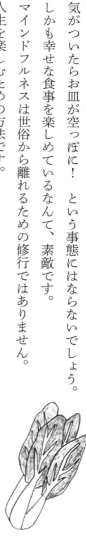

代謝を上げる姿勢でやせる
―ダイエットに成功したいなら背筋を伸ばして生活しよう

《美しく食べる女性になる》

美しく食べる女性を見ると、知性や品のよさを感じます。

どんなに顔やスタイルがきれいな女性でも、背中を丸めてガツガツ食べていたらちょっとがっかりします。

人から見られるために食べているわけではありませんが、美しく見せたいと思うなら食べ方にも気を配ったほうが賢明でしょう。

美しい食べ方でもっとも大切なのは、姿勢です。口を食べ物に寄せようとすると背中は丸くなり、ガツガツとかぶりつくように見えてしまいます。

背筋を伸ばして、食べ物を口へもっていくようにします。背筋をまっすぐにするという意識をもつだけで自然とアゴは引き気味になり、品のある食べ方になります。

また、とくにナイフとフォークをもっているときは、脇が広がってヒジが外に向きがちです。

脇を締めたスタイルのほうが素敵です。これも姿勢さえちゃんとしていれば、極端にヒジを外に突き出して食べるような格好にはならないと思います。

もうひとつ気をつけたいのは、ひと口のサイズです。

3㎝くらいの大きさに切って口に運ぶと、大口を開けることもなくなります。

少しずつ食べることで食材をしっかり味わえ、噛む回数も増えるというメリットがあります。

そして、よい姿勢はダイエットにも効果があるのです。

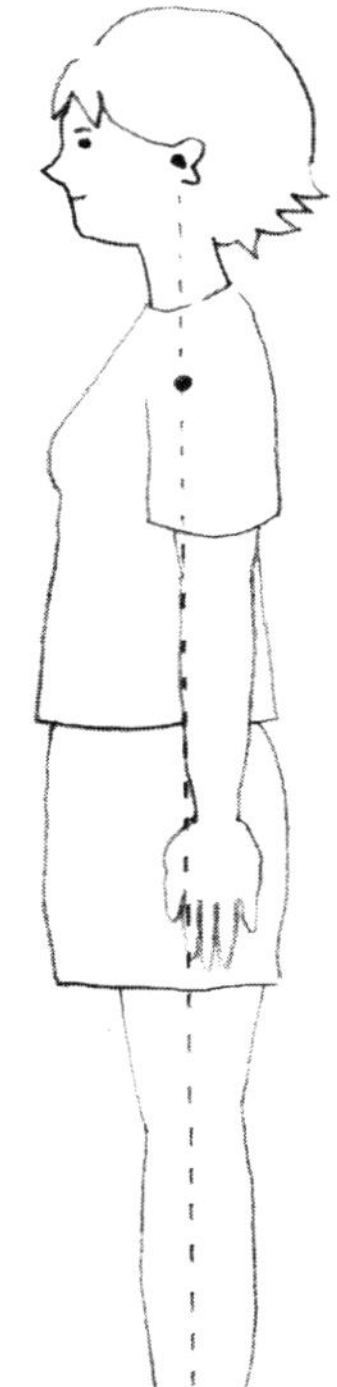

《よい姿勢で代謝を上げ、やせやすい体に》

姿勢を整えることは、老化防止に役立ちます。

背筋が伸びていると若々しく見えます。しかし、それだけではないのです。背骨をまっすぐに伸ばす筋肉には、脊柱起立筋、広背筋、僧帽筋があり、どれも体の中でもとくに大きな筋肉です。正しい姿勢を保つだけで、これらの筋肉が働きます。

姿勢の話をする前に、ミトコンドリアについて知っておきましょう。ミトコンドリアは全身の細胞の中にあって、エネルギーを作り出す工場のような役目をしています。ミトコンドリアがエネルギーを効率よく作り出すというのは、代謝がよいということになります。

つまり、ミトコンドリアがたくさんエネルギーを出せばやせやすいということです。

同じものを食べても太る人と太らない人がいるのは、このエネルギー効率の問題が関係しています。代謝を上げてやせやすい体を作るには、いかにミトコンドリアが活発に働くかにかかっているのです。このミトコンドリアは筋肉細胞に多く存在しています。大きな筋肉を動かせばそのぶん、ミトコンドリアが稼働するというわけです。そこで、背筋です。

ジムに通って筋トレするのもいいですが、日常生活で姿勢をよくするだけでこの背筋が活動してくれます。姿勢よく座って、立って、歩いて、代謝をアップしましょう。

姿勢のよい立ち方は、耳の穴、肩、くるぶしが一直線になっている状態です。姿勢のよい座り方は、耳の穴、肩、大転子（太ももの付け根、外側の出っ張った部分）が一直線になっている状態です。骨盤を立てることが大切です。

骨盤が立っているかどうかを確認するには、イスに座るときに手のひらを上にしてお尻の下に敷いてみてください。

お尻の骨（坐骨）が手のひらに触れる感触があったら、それが骨盤が立っている座り方です。

お尻の骨が
コリコリするのを
感じてください

《姿勢よく食べると消化にもよい》

逆流性食道炎という病気があります。健康診断では多くの方がこの指摘を受けています。私の外来でも、長年この病気の症状で薬を飲んでいる方が大勢います。

ストレスや肥満、食習慣も関係していますが、前かがみの姿勢がひとつの原因になります。前かがみになると腹圧が上がって、胃酸が食道に上がってきやすくなるためです。

胃酸は、胃では食べ物を消化するよい役割をしますが、食道にとっては強い刺激となり炎症を起こして胸焼けや胸の痛みを起こします。

姿勢をまっすぐにすることで胃酸が逆流しにくくなるので、この診断がくだされている方や胸焼けの症状がある方は姿勢に気を配るようにしましょう。

姿勢が悪いと胃腸の働きも悪くなるのです。

また、姿勢の悪い座り方を長時間すると背骨や骨盤の歪みを引き起こし、腰痛や坐骨神経痛の原因になります。

肩こり、首の痛み、頭痛、手のしびれも姿勢が関係していることがあります。

普段の姿勢がどうなっているのか意識することは、こうした困った症状の予防にもなります。

姿勢をよくして
背筋を動かして
ミトコンドリアが
エネルギーを作る
＝
やせる

《姿勢をよくすると、やる気が出るホルモンが増える》

姿勢は意識にも影響を与えています。動物が威嚇《いかく》したり求愛行動をするときに、体を大きく見せますが、人間も同じように力を示したいときには、ふんぞり返って体を大きく見せようとします。

怒られると頭を下げて背中を丸め、しょんぼりします。

こうした行動は、その姿勢をとるだけで脳ホルモンの分泌にも影響を与えることがわかっています。

うれしいときに思わずガッツポーズをすることがありますが、これは体を広げることによって脳に変化が起こり、気持ちが明るくなったり強気になったりするのです。

テストステロンというホルモンがあります。男性ホルモンとして有名ですが、女性にも分泌されています。

これは、やる気や活気、人を支配する能力などと関係しています。

ハーバードビジネススクールの准教授エイミー・カディーの研究によると、体を広げるような力の強いポーズをとった人は、活気ややる気を出すホルモンであるテストステロンが20％増加し、縮こまって体を小さくするようなポーズをとった人は10％減少しました。

《姿勢をよくしてストレスホルモンを減らす》

ストレスが多いと過剰分泌されるコルチゾールについては、力の強いポーズでは15％減り、力の弱いポーズでは25％増えていました。

ダイエットに成功したいなら、背筋を伸ばして生活しましょう。

姿勢よく
ガッツポーズ

肥満ホルモンが
減ります

急いで食べると食べすぎて太る
──ゆっくり食べる瞑想

《急いで食べない》

いつも朝食や昼食はどのように食べていますか？　お弁当を作らなければならないお母さんは、朝食とお弁当を作りながら、卵焼きの端を食べたりして朝食代わりにしてしまっている方も多いようです。大家族や小さなお子さんのいる家庭の朝は、本当に忙しいものです。

大変とは思いますが、立ったまま片手間に朝食を済ませてしまう生活は、ダイエットにはとても悪い習慣です。朝食をしっかりとることで、その日の代謝を上げてくれます。

また、朝食を抜いたり少なすぎたりすると、昼食を食べたあとの血糖が急上昇します。血糖値が急速に上がってピークを迎えたらそのあとは下がっていきますが、下がるときに空腹感を覚えておやつが欲しくなったりイライラしたり、集中力が落ちてしまいます。

朝食を座って食べる。この習慣を大切にするとダイエットが成功しやすくなります。

昼食も立ったままで済ませている人もいるかもしれません。日本には「立ち食いそば」がありますね。マインドフルネスを世界に広めたベトナムの僧侶ティクナット・ハンさんは、「味わう生き方」という本の中で日本に訪れたときのことをこう書いています。

「ラッシュアワーには多くの方が駅を走り、ソバを立ったまま数分で食べていたことが印象に残っています。せっかくのおいしいソバも、しっかりと味わって食べなければもったいない。これはソバだけではなく、食べるものすべてに対して言えることです。」

朝食を抜くと
昼食で血糖が
急に上がって下がる
⬇
空腹でイライラ
おやつが欲しくなる

《早食いで老化が進む》

早く食べると老化が進むことが明らかになっています。

これもＳｔｅｐ５でお伝えしたミトコンドリアが関わるお話です。

ミトコンドリアは体を動かし、基礎代謝を促すエネルギーを作り出すところです。いわば、体を動かすエネルギー工場です。

しかし、その製造過程でできてしまう有害排水のようなものがあります。それが活性酸素です。

体においては、作り出されるエネルギーが多いと活力があり若々しく、活性酸素が多いと細胞が傷ついて老化が進むというわけです。

このエネルギーと活性酸素の作られるバランスによって、生物の寿命が決まります。

亀はエネルギーを少ししか使わないのでそのぶん、生成される活性酸素も少しになり長生きできています。

鶴などの鳥は、空を飛ぶエネルギーを大量に消費しますが、活性酸素を少ししか出さない特質があるので長生きするという説があります。

早食いをすると、この活性酸素を多く作り出します。

食物が体に入ると消化酵素が分泌されますが、その消化酵素の量は毎日胃から1・5L以上、膵《すい》臓から1L以上、腸から1・5L以上です。

早食いすると一度にこの酵素を分泌しなくてはならず、たくさんのエネルギーを必要とします。そのエネルギーを作り出すときに大量の活性酸素ができてしまい、細胞の老化を早めてし

エネルギーを
少ししか使わないから
活性酸素を少ししか
出さないので長生き

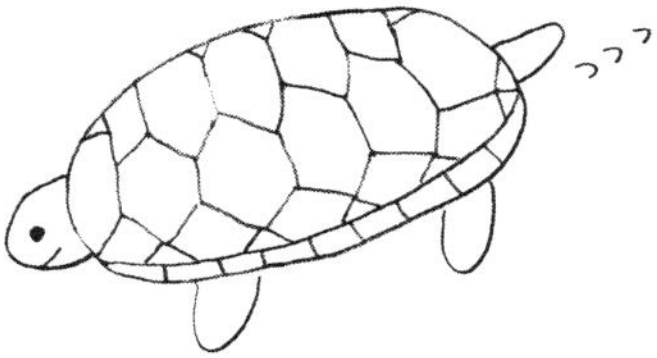

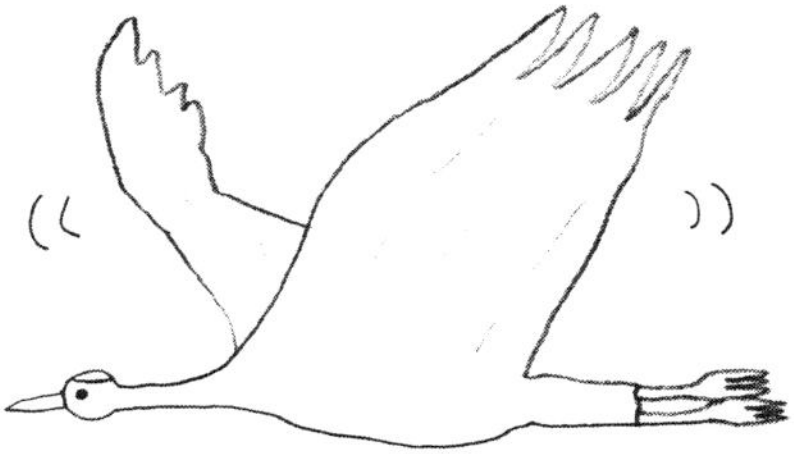

エネルギーを
めちゃ使うけど
活性酸素を少ししか
出さないので長生き

まうのです。

インスリンも同様に、食事をして血糖値が上がると分泌されますが、早食いをして血糖値が急速に上がるとインスリンも多く分泌しなくてはいけなくなります。インスリンを分泌する細胞は、早食いや血糖値が高い状態をくりかえしていると次第に分泌ができなくなります。

糖尿病とは、このように血糖値が高い状態をくりかえしてインスリンの分泌が悪くなる病気です。

《満腹を感じるホルモンを出そう》

脂肪細胞からはレプチンという満腹のシグナルを脳に送るホルモンが分泌されています。

このレプチンは、脂肪細胞に脂肪がたまりだすと分泌を始めます。

具体的にはほかのホルモンも関わっていて複雑な過程がありますが、食事を始めてからこの分泌が始まるまで、およそ30分かかります。

ですから食事はゆっくり食べて、できれば30分以上かけるようにしましょう。

食べて
30分経つと

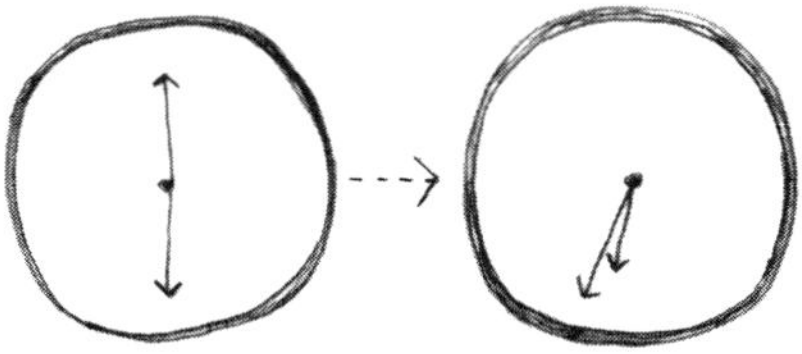

満腹ホルモンが
出てくる

無理なく少食にする
——盛り方の工夫でやせる

《大きく見えると満足感も得られる》

東京大学工学部の鳴海拓志先生が行っているバーチャルリアリティー（ＶＲ）の研究では、見た目が大きいと満腹感が得られるという結果が出ています。

この研究はクッキーが実際の大きさとは違って見えるゴーグルを使って実験が行われました。小さい、普通、大きいの３パターンで、同じ人にそれぞれ別の日程でクッキーを食べてもらったところ、大きく見えたときは、普通の大きさより食べた枚数が１割減っていたそうです。大きく見えるだけで、たくさん食べたような感覚になって満足感が得られるということです。

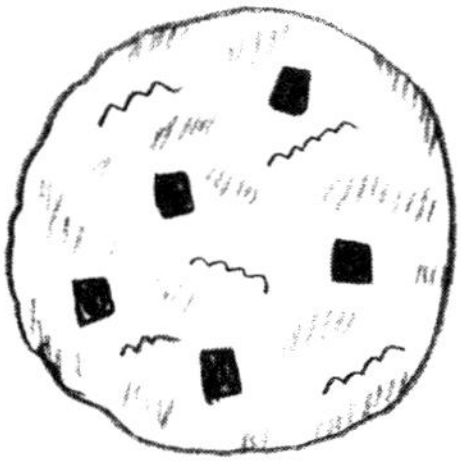

《小さな皿で料理を大きく見せる》

同じ鳴海先生の研究で、皿の大きさを変えると満腹感が得られるということも明らかになっています。

皿のサイズを変えて、満足するまでチーズを食べ続けるという実験を行いました。チーズを食べた量は、普通のサイズの皿で食べたときにくらべて、小さいサイズの皿のときは1・6％減り、大きいサイズの皿で食べたときは3・5％増えていたそうです。

これはデルブーフ錯覚という原理で、白い丸のなかに色のついた丸を描いた場合、外枠の白い丸が大きいとなかの丸は小さく見え、外枠の白い丸が小さいとなかの丸は大きく見えます。フレンチレンストランなどで、大きな皿に少しの料理がのっていると、少なく感じるのはそのせいです。

デルブーフ錯覚では内部の円と外部の円の比を2：3にするともっとも大きく見えます。つまり、料理は皿の直径2／3の大きさに盛るとお腹がいっぱいになりやすいということです。

皿やご飯茶碗を小さめに変えるのは効果的ということですね。

大きな皿でも、メインの料理を引き立てる野菜を周りに飾ると、たくさん盛られているように見えて効果的です。

このデルブーフ錯覚をうまく利用して、満腹感を得ながら食べる量を調整してみましょう。

《一人分ずつ盛ってダイエット》

料理の出し方には、大皿料理をみんなで取り分ける方法と、一人ずつ盛り付ける方法があると思います。ダイエットの観点からすると、一人ずつの盛り付けがおすすめです。

一人ずつの盛り付けは自分がどのくらい食べたのかわかるので、これ以上は食べすぎだとい

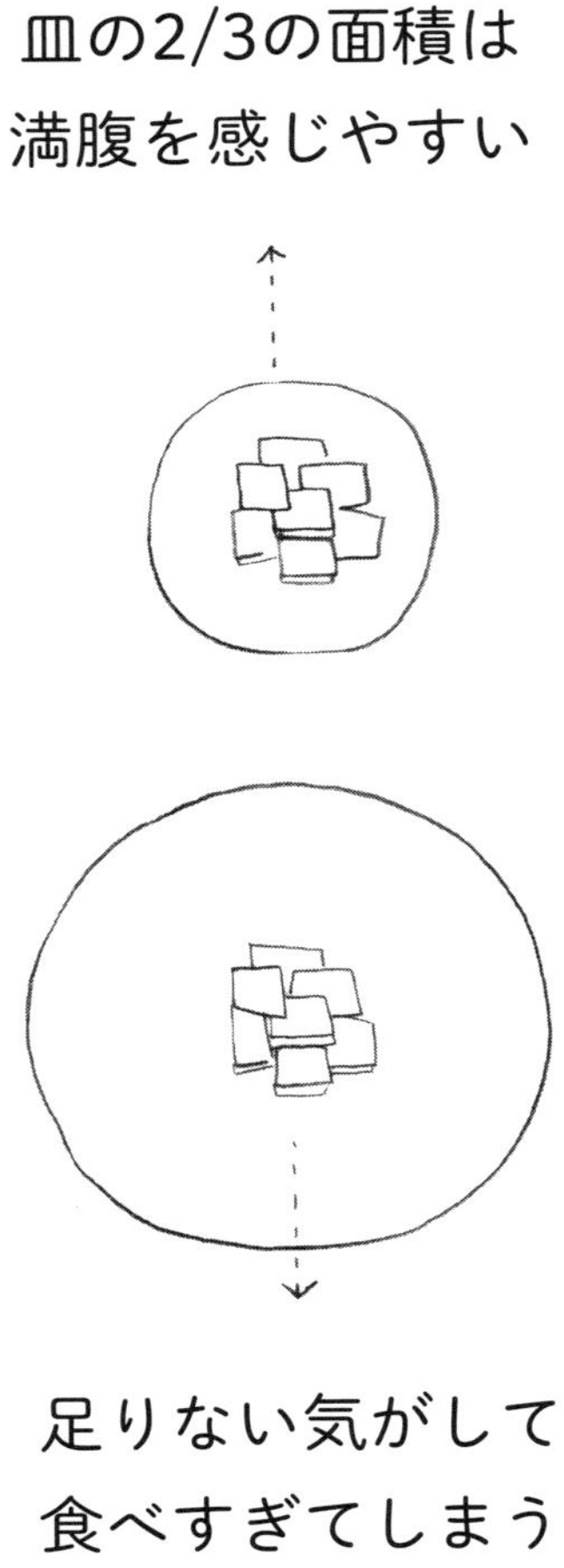
皿の2/3の面積は
満腹を感じやすい
足りない気がして
食べすぎてしまう

う自覚をもつことができます。また、目の前にいつでもおかわりできるものがあると、ついつい惰性で食べてしまいます。その点、おかわりするために立ち上がってキッチンに行かなくてはいけないとなると、心理的なハードルが一段上がります。

食材には積極的食べてよいものと、控えたいものがあると思います。

サラダは大皿にたくさん盛って取り分け、控えめにしたいご飯ものや麺類などは一人ずつ分けておくなど、種類によって変えるといいかもしれません。

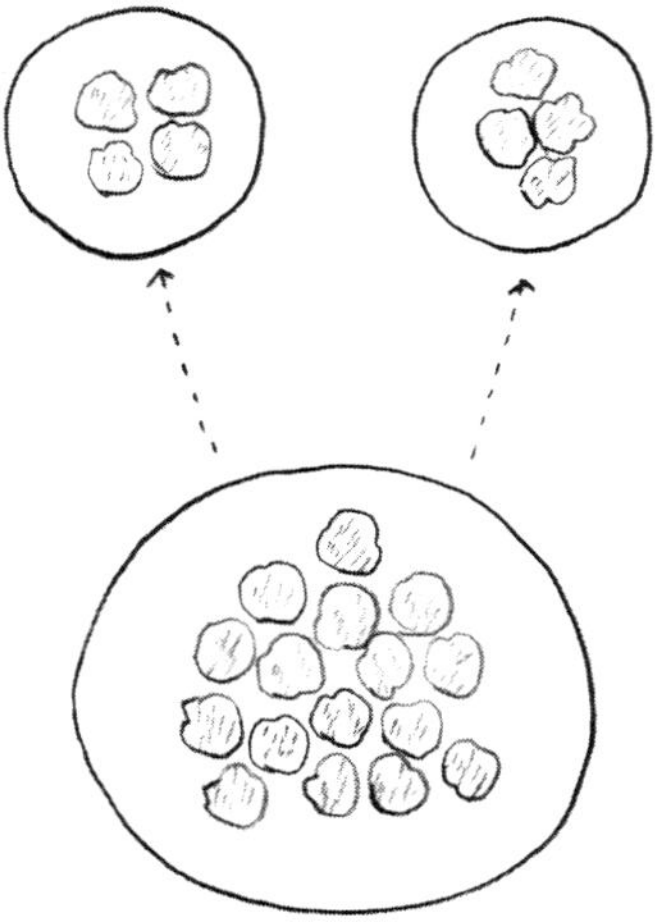

一人分ずつ
盛り分けよう

匂いを意識して食べすぎを止める
——香りを感じる瞑想

《香りは感情に結びつきやすい》

フランスの味覚の権威ジャック・ピュイゼ博士は、味の95％は匂いで判断しているといっています。それほど嗅覚は、私たちの脳に影響を与えているのです。

匂いを脳に伝える嗅神経は、脳から直接出ている重要な脳神経のひとつです。

人間には３４７種類の嗅覚受容体が発見されていて、空気中の物質をその受容体が感知して嗅神経から嗅球、そして脳に伝わります。

匂いを認識するのは大脳辺縁系といわれる部位で、感情や記憶に関係するところでもあります。

人間はさまざまな思い出を、その匂いとともに記憶しています。同じ匂いを嗅ぐと、その記憶がよみがえる感覚を体験したことがあるのではないでしょうか。見たものや聞いたことは大脳新皮質という理性の脳で処理するのですが、五感の中で嗅覚だけは記憶や感情を司る古典的な脳に直接情報が入るので、記憶が瞬時に呼び覚まされ感情が揺さぶられるのです。

好きな食べ物や飲み物の香りを嗅ぐと食べたい気持ちが起こって感情が高ぶり、懐かしい香りを嗅ぐと安らいだ気持ちになるのはそのためです。

匂いは、自律神経やホルモンの中枢となる視床下部という部分にも情報が伝わります。

そして、それぞれの香りの成分に対応して神経伝達物質が分泌され、心のバランスを整える働きもしています。

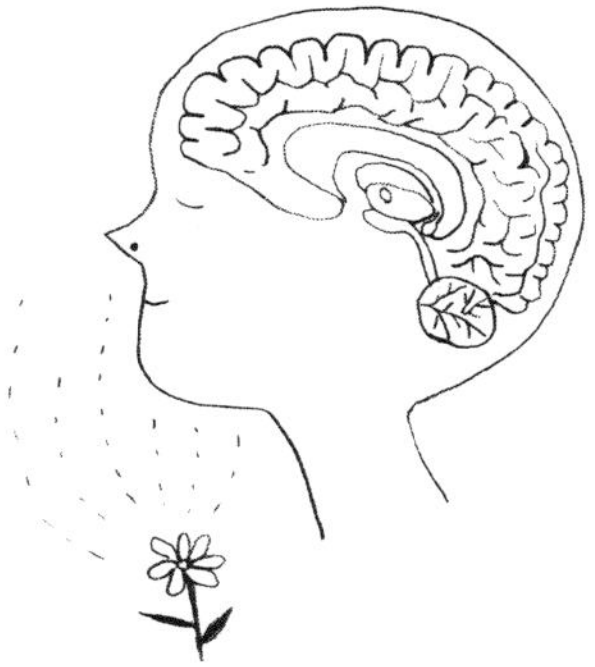

香りは
感情や記憶に
結びつきやすい

《香りは想像以上に効果をもたらす》

地球上の有機化合物の中で、匂いをもつ物質は40万あるといわれています。香りが脳や体にもたらすさまざまな効果が明らかになって、この20年くらいでずいぶん研究が進んでいます。ラベンダーは心の安定をもたらすセロトニンの分泌を促進するし、ローズマリーの成分分子は記憶を活性化することも判明しています。

ジンジャーやティートリーは、摂食に関係する脳の血流を増やすという報告もあります。グレープフルーツの香りが過剰な食欲をコントロールしてくれるのも有名です。

毎日の食事を味わうときに香りを意識することは、想像以上の効果をもたらします。

《ドレッシングや調味料を減らしてみる》

香りをしっかりと意識して素材の味をより豊かに感じられるようになると、薄味で満足するようになります。サラダなどの生野菜は、ドレッシングをかける前にそのままで食べて香りを楽しんでみましょう。甘みや苦味など野菜本来の味を感じてみます。

ドレッシングにはおびただしい数の添加物が入っています。ドレッシングの使用量を減らすと、避けたほうがいい人工甘味料や控えるべき油を減らすことにもなります。

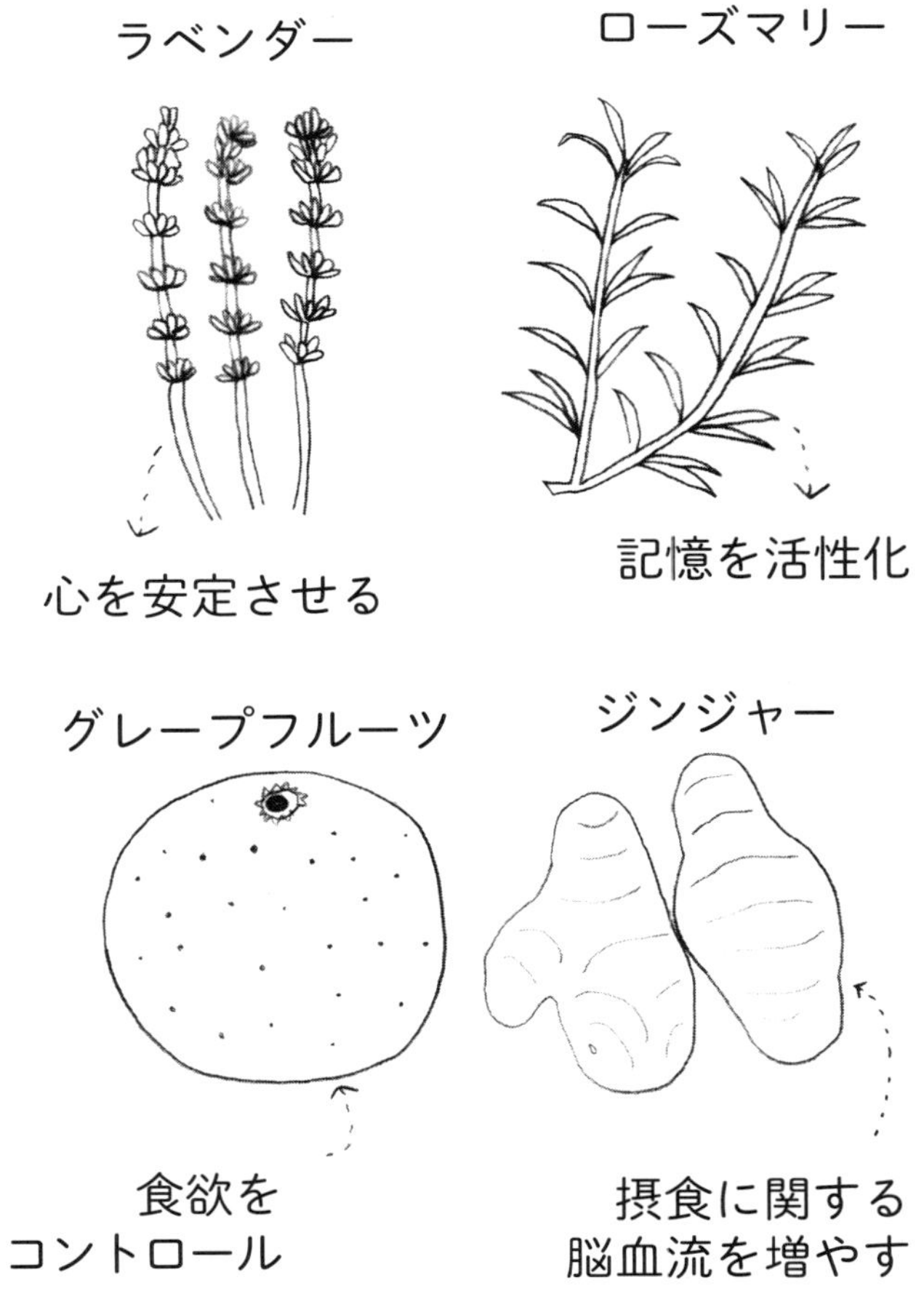
ラベンダー
心を安定させる
ローズマリー
記憶を活性化
グレープフルーツ
食欲をコントロール
ジンジャー
摂食に関する脳血流を増やす

よく噛むとやせる5つの理由 ——ひと口ずつ飲み込む瞑想

《30回以上噛んで食べる》

やせたいなら、噛む回数を増やしましょう。よく噛むとやせる理由はたくさんあります。

❶時間がかかるので早食いを防止できる

ゆっくり食べることのメリットはＳｔｅｐ６でお伝えした通りです。たくさん噛むとそれだけ時間がかかるので、早食いは防止できますね。

❷消化酵素のアミラーゼを分泌し、糖質の分解を促進する

噛むと唾液が出てきます。唾液中に分泌されるアミラーゼが糖を分解し消化吸収を助けます。

❸咀嚼《そしゃく》筋のリズム運動によってセロトニンが分泌され、自律神経が整いやすくなる

セロトニンは心の安定にとても重要なホルモンです。

リズム運動によって分泌されることがわかっていますが、全身の筋肉運動でなくてもいいのです。咀嚼筋をリズムよく動かす、噛むという行為も有効です。

よく噛むとやせる

❹唾液の分泌が増えることで、血糖値が下がる

唾液中にはＩＧＦという物質が含まれており、これが血糖値を下げる働きをしています。

また、成長ホルモンのひとつであるパロチンも唾液に含まれており、代謝を促進して、肌や髪を美しくする効果もあります。

❺腸内細菌のバランスがよくなる

歯周病菌が増えると、動脈硬化や糖尿病を起こしやすくなることが多数の研究でわかっています。口と腸はつながっているので当然、歯周病菌は腸内細菌にも影響しています。

また、最近になって、歯周病菌は腸内細菌を介して糖尿病や動脈効果などの生活習慣病を引き起こしていることがわかってきました。

腸内細菌は私たちの健康状態と密接に関わっています。

太りやすい菌、やせやすい菌の存在も明らかになっています。

よく噛んで唾液分泌を増やすと口腔内の雑菌が停滞しにくくなるので、歯周病の発生が抑えられます。

噛む回数を増やすことは、腸内細菌のバランスにも影響し、肥満になりやすい菌の増殖を抑

えてくれる可能性があるといえるでしょう。

噛む回数を増やすには、生野菜や歯ごたえのある食材を取り入れること、口に入れるひと口を小さめにするのがポイントです。

30回以上噛むことを意識しましょう。

本当にまだ食べたいですか？
——食後の満腹感の違いを感じる

《食べ終わったときの満腹感》

食べ終わったときに、お腹の声を聞いてみましょう。

まだ食べたい？　もうお腹いっぱい？と問いかけてみます。

まだ物足りないと感じるなら、どんなふうに物足りないのか、食べたい気持ちをもう少しくわしく観察してみましょう。

食べたいのはお腹でしょうか、それとも頭でしょうか。

もっとわかりやすくいうと、お腹が空いているから食べたいと思うのでしょうか、それとも食べたらもっと気分がよくなると感じているのでしょうか。

明らかに食事量が少なければ、何か食べるものを追加したほうがいいでしょう。

通常量の食後の欲求は、気分をよくするためではないでしょうか。

最後に甘いものが食べたいとか、味の濃いものを食べてご飯を追加したくなったとか、そうした欲求は空腹とは違います。

そんなときは純粋に、どの程度満腹なのかに意識を向けてみましょう。

あまりお腹が空いていないことに気づいたら、先ほどまで感じていたもう少し食べたい気持ちが減っているはずです。

食べ終わったあとのお腹の具合を、ぜひ感じてみてください。

《満腹を求めているのは体でなく心》

日によって体調は変わるので、同じ量を食べていてもお腹の満たされた感じは違うと思います。それでも、毎日食後にお腹いっぱいという感じがするようであれば、食事の量を少し減らしてみてはいかがでしょうか。

お腹いっぱいになるまで食べないと満足しないのは、心の習慣です。

腹八分目で食事を終えることに少しずつ慣れていくと、満腹より腹八分目のほうが心地よいことに気づくと思います。

毎日決まった食事量ではなく、体調に合わせて食べる量を変えましょう。

そして食べ終わるたびに、今の量は自分にとって多いか少ないかを意識するようにします。出される食事であれば、ご飯の量などを調整して、自分に合った食事量を見つけましょう。

ものすごく満腹になった記憶がありますか？

本当に満腹なときは、体が重くだるく、軽やかに動けませんし、頭もスッキリしないと思います。

その感覚は食後すぐには気づかず、しばらくしておそってくるのです。

そして、食べすぎたなあと後悔します。

食前と食後にお腹の空き具合を確認すること、少しずつ食事量を変えてみることで食後の体調がよくなり、体重も軽くなりますよ。

そんなに食べる必要ありますか？ 満足していないのは心

空腹でミトコンドリアを増やしてやせる
――プチ断食もおすすめ

《空腹でミトコンドリアが増える》

イスラム教ではラマダンという習慣があります。

1ヶ月もの間、日の出から日の入りまで飲んだり食べたりしてはいけない習慣です。

留学中に数日間研修を受けたとき、仲間の数人にイスラム教徒がいました。

ちょうどラマダンの時期で、みんなで中華のランチボックスを食べている間、彼らは飲まず食わずでじっと座っていました。

朝から晩まで絶食なんて私には耐えられない！　と気の毒に思いましたが、夜一緒にレストランに行ったら思いっきり飲み食いしている様子を見てホッとしました。

結局まとめてたくさん食べるので、カロリーはしっかりとっていると思います。

実はこの長時間の空腹は、アンチエイジングのカギを握るミトコンドリアを増やす方法なのです。

ミトコンドリアがダイエットに大切な話はすでに述べました。
ゆっくり食べること、姿勢をよくすることで増えることもお伝えしました。
ミトコンドリアを増やすもうひとつの重要な方法が、この空腹なのです。

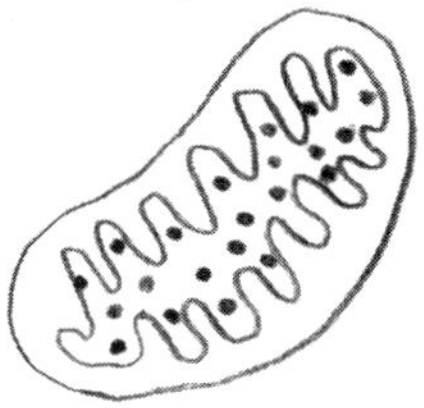

空腹を感じると、体はエネルギーが必要と認識してミトコンドリアが増えます。

カロリー制限が長寿遺伝子を活性化するという話をご存知でしょうか。アカゲザルを使った有名な研究で、カロリー制限なしで好きなときに好きなものをいくらでも食べられるようにした猿と、カロリーを60％に抑えて、決められた量を決められた時間に食べた猿では、後者のほうが明らかに毛並みがよく、腰が曲がらず若々しい状態を維持したというものです。

この研究ではカロリー制限に注目が集まりましたが、実際のところは、決まった時間に食べたこと、空腹時間があったことが関連していたのでは、という考察もあります。

カロリー制限した猿のほうは、糖化しにくい食事内容だったという指摘もあります。

いずれにせよ、食事はダラダラ食べ続けるより、ある程度空腹を感じるまで食べない時間があったほうがよさそうです。

《プチ断食も効果的》

一定時間食事をしないプチ断食は、ミトコンドリアを増やすのによい方法といえます。実行したほとんどの方が、体重が減って体調がよくなったといいます。方法はさまざまあります。

お腹が空いたときだけ食べて、そうでないときは1食抜くという簡単なプチ断食や、8時間以内で1日の食事をすべて終わらせる8時間ダイエットといわれる方法もあります。

1週間のうち5日は好きなだけ食べて、残りの2日だけカロリーを1／3にする方法も効果があります。

酵素ドリンクを使用するファスティングは、消化管を休ませる、毒素を排出させるデトックス効果、代謝を活発にして脂肪を燃焼させるなどの効果あります。

ただし、注意していただきたいのは、体調の悪いときに極度の食事制限をしないこと、水分をきちんととることです。

また、断食後に急にたくさん食べると、活性酸素を増やし、血糖を急激に上げるため、体調不良の元になります。

食事を再開するときは、ゆっくり少しずつ消化によいものを摂取するようにしましょう。

プチ断食の方法はいろいろ

例えば **8時間ダイエット**

朝	9:00	朝食
	10:00	
	11:00	
	12:00	
昼	13:00	昼食
	14:00	
	15:00	
	16:00	夕食
夜	17:00	

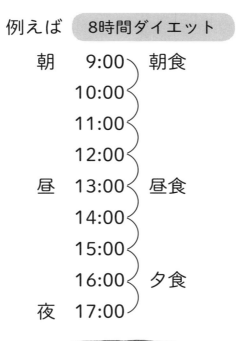

ちょっとの量でも幸せになる——産地にこだわるダイエット

《量より質を重視する》

チョコレートを1つだけ食べたときのほうが、5つ食べたときより幸福感があるそうです。

また、安くて美味しくないものをたくさん食べて満腹になるより、高価でも体によくて美味しいものを少しずつゆっくり味わって食べたほうが幸福感を得られます。

量をたくさん食べるのをやめて、質を重視した食材選びを実践しましょう。

お金をかけた分、ありがたみが増して、じっくり味わいたい気分になるでしょう。

食べすぎを抑えて美味しくて健康によい、おすすめの方法です。

《質を見極める助けになる、産地》

質のよいものを選ぶときに参考になるのは、産地です。

どこの誰が作ったのかを明記してあるものを選びましょう。

また、野菜や魚などの生鮮食品なら、海外より国産が安心です。

魚の産地は、切って混ぜると表記しなくてもいいというルールがあるそうです。

刺身を買うなら、盛り合わせではなく単一のものがより安心です。

野菜に関しては、地元の農家であっても農薬や肥料の使い方はさまざまなので、自分自身で信頼できる農家さんを見つけるのが一番だと思います。

調味料は意外と多くの量が体に入るので、ていねいに選びたいものです。

料理酒やみりんは原材料がシンプルなものを選びましょう。

アルコールを添加してあるもの、人工甘味料や着色料が書いてあるもの、みりんではなく「みりん風」になっているものは、極力避けたほうがいいでしょう。

マヨネーズやケチャップ、ドレッシングは選ぶのが難しいです。

マヨネーズは控えめにしたいオメガ6系オイルが多く含まれているし、ケチャップは糖質が多いです。

マヨネーズはココナッツオイルと卵などを使って手軽に体にやさしいものを作ることもできます。

手作りが一番ですが、あまりストイックになる必要はないでしょう。

8時～14時に食事を集中させると
脂肪がより多く燃焼する。

夕食を20時以降にとると
脂肪代謝が悪くなり太る。

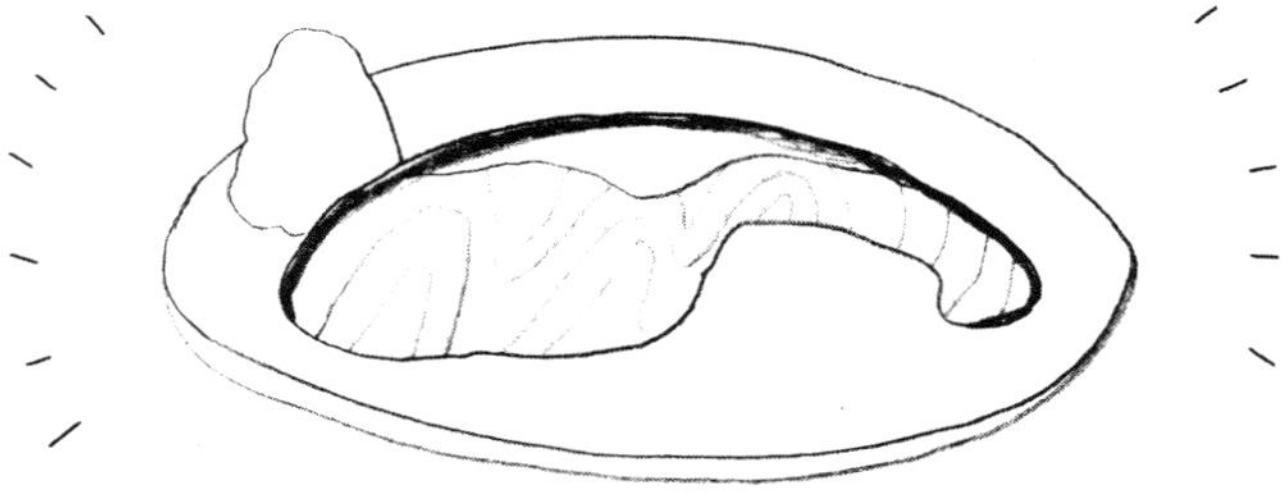

20代～40代に意外と
タンパク質不足が増えているので
魚介などを食べよう。
タンパク質は大切な脳ホルモンを
作るのでダイエットにも必須。

第4章

体の声に耳を澄ましてやせる

体の各部位を意識してやせる——12箇所のボディスキャン

《体に現れる前に怒りやストレスに気づこう》

人は自分の感情を意識する前に体が先に反応しています。

「恥ずかしい」と思う前に顔が赤くなったり、発表前にお腹が痛くなったりしたことはありませんか?

アイオワ大学で行われた有名なカードゲームの実験があります。4組のカードがあり、そのうち2組は赤、2組は青です。被検者はいずれかのカードの山から1枚ずつカードを引いていきます。どのカードにも裏には報酬か罰金が記されています。実は赤いカードの組にだけ大きな損をする内容が書かれているのですが、被験者はそのことを知りません。

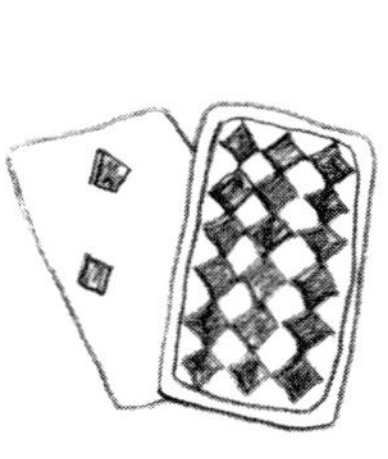

ほとんどの人が50枚ほどカードをめくったころから青のほうが好ましいと感じるようになり、80枚めくったころにははっきりと赤のカードは損をすると確信します。

ところが、被検者の手のひらの汗を測定してみると、10枚めくったころから赤の組を引くと手のひらに汗がにじむストレス反応が示されていました。

直感を体は反応で示しているにもかかわらず、私たちの脳はしばらくの間（この実験ではカードを70枚も引く間）、それをはっきりと認識することができないということなのです。

日常生活でもこのすばやい体の反応を感じ取れたら、早めに対処することができます。

例えば、誰かの言葉に「怒り」の感情が湧き出てきたとき、そのまま思ったことを口にすると相手を傷つけたり口論になったりするかもしれません。そこで、体の感覚を研ぎ澄ますと、顔が赤らんで心臓の拍動が早くなるのを感じて「怒り」というサインを客観的に知ることができます。自分を客観視できれば、怒りに流されて行動する前に心を落ち着かせることができます。

内科の診療をしていると、怒りやストレスに気づかないまま無理をして血圧が上がったり、胃潰瘍になったり、お酒や過食を止められなかったりする患者さんが多くいます。

ストレスやネガティブ感情に早めに気づいて、マインドフルネスをしたり休養をとったりする習慣をつけると、もっと元気に毎日を過ごせてダイエットも成功するでしょう。

ネガティブな感情だけでなく、幸せや喜びも見過ごさないでしっかり感じると、毎日がより豊かで充実すると思うのです。

《ボディスキャンをやってみよう》

それでは、私のガイドに従って体の各部位に意識を向けていきましょう。

はじめに2、3回呼吸に意識を集中します。

❶意識を頭のてっぺんに向けてみてください。

❷後頭部、うなじのあたりまで、意識するところを下ろしていきます。

❸両方の耳。顔のほうへ移動して、おでこ、眉、まぶたを感じます。

眉間やまぶたにぎゅっと力が入っていたら、そっとゆるめます。

❹鼻、頬、唇、アゴ。顔の感覚も体のなかでは敏感なところです。

とくに唇は、感覚神経がたくさん存在しています。しっかり注意を向けてみると何か感じるのではないでしょうか。

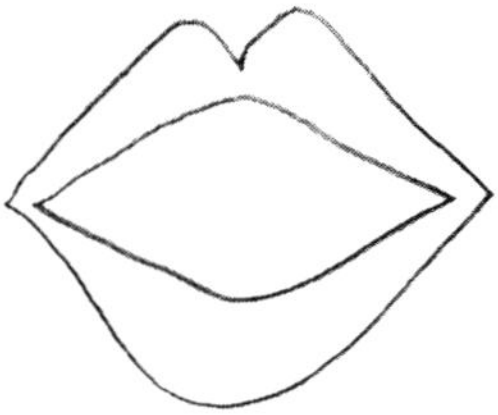

❺口のなかにも意識を向けていきます。粘膜や舌の湿りや乾きを感じます。

❻歯を意識すると、顎《がく》関節に力が入っているのを感じるかもしれません。

アゴの関節に無意識に力が入っている人は、歯をくいしばっている時間が長いため歯がすり減っていることがあります。また、アゴの関節を動かすこめかみの筋肉に力が入って、頭痛の原因になっていることもあります。力んでいることに気づいたら、上の歯と下の歯の間に隙間を少し開ける感じで力を抜いてみましょう。

❼首全体、肩。肩に力が入って上がっていませんか？
左右の高さが同じになっているでしょうか。左右の一方だけ肩こりを感じる人は、どちらかの肩に力がかたよっているかもしれません。筋肉の使い方に左右で差があると、脊椎のゆがみにつながります。

肩の上がり具合を意識すれば、力が入っていることに気づきやすくなります。

力みに気づいたら、一度両肩をぎゅーっとすくめてからストンと下ろすと、いい感じに力が抜けてリラックスできます。

❽背中、腰。まず姿勢に気づきましょう。
背骨がまっすぐになっているか、その上にある頭の位置も意識します。

頭や背骨、腰を支えている筋肉はどんな感じでしょうか。

腰痛のある人は、痛む部位にも意識を向けてくわしく観察します。

❾体の前に意識を移して、胸、お腹を感じます。呼吸にともなって胸が上がったり下がったり、お腹がふくらんだり縮んだりしていると思います。
服に当たるところの皮膚の感覚も感じてみます。

内臓にも意識を向けましょう。

チョコレート瞑想で行ったように、食道、胃の感覚を探ってみます。お腹では小腸や大腸が動いていることも感じてみます。

心臓の鼓動、肺のふくらみなど、興味をもって体の内部を意識します。
❿お尻、太もものうしろは、イスに当たっているのが感じられると思います。イスの硬さや軟らかさ、温かさなどを意識します。
⓫太ももの前、ヒザ、スネ、ふくらはぎ、足の甲、つま先と順番に、足の付け根から先に向かって意識するところを移動しながらじっくり感覚に注意を払います。

⓬最後に足の裏。靴下の柔らかさ、床の硬さや温度を感じます。

終わったら、再び呼吸に意識を戻します。
2、3回自分の呼吸を見てください。

これで終了です。

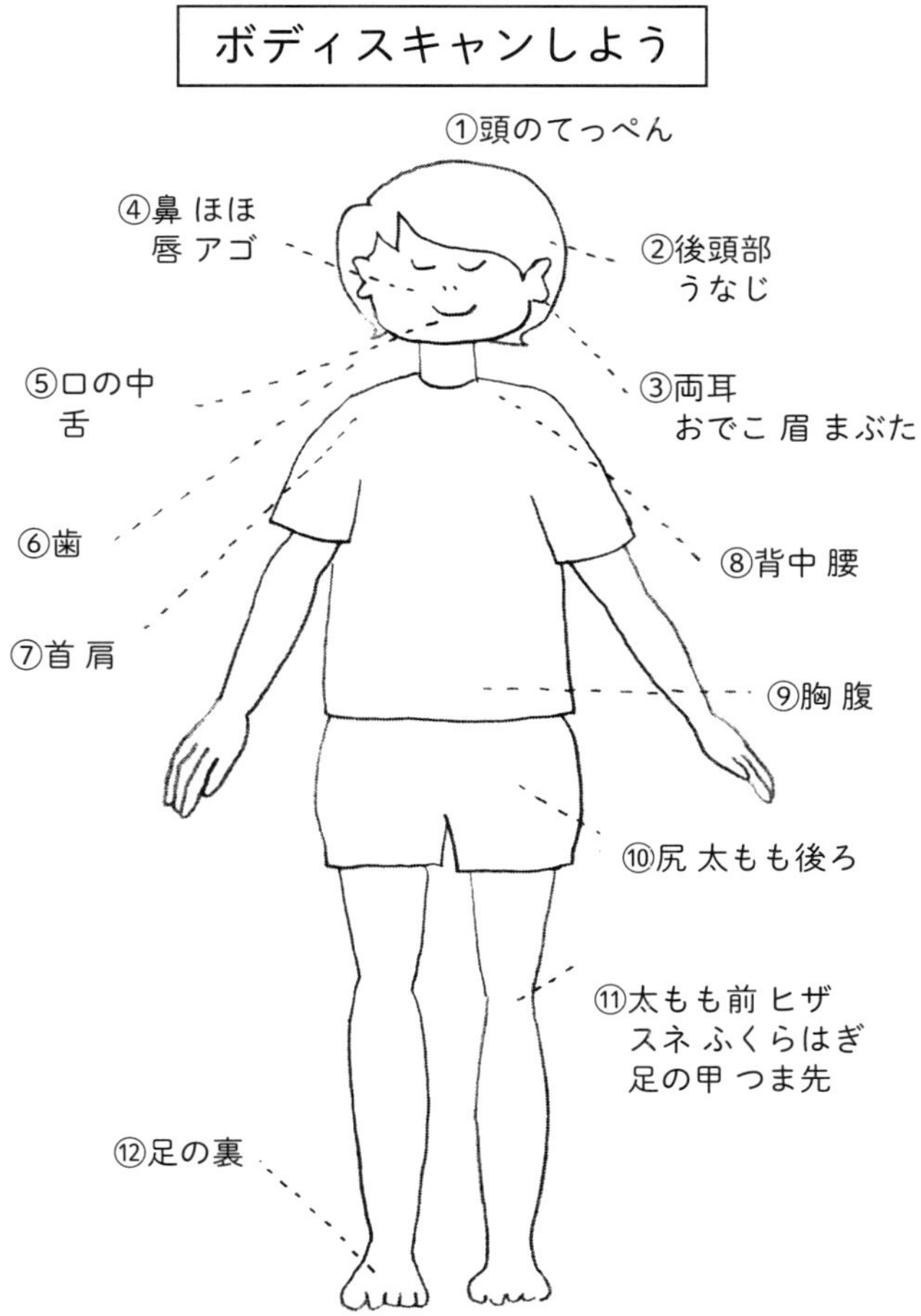
ボディスキャンしよう
①頭のてっぺん
②後頭部
うなじ
③両耳
おでこ 眉 まぶた
④鼻 ほほ
唇 アゴ
⑤口の中
舌
⑥歯
⑦首 肩
⑧背中 腰
⑨胸 腹
⑩尻 太もも後ろ
⑪太もも前 ヒザ
スネ ふくらはぎ
足の甲 つま先
⑫足の裏

五感を鍛えることでやせる——自然を感じるマインドフルネス

《自然を感じる習慣をつける》

見る、聞く、香る、味わう、感じるというすべての五感にていねいに集中することで雑念から解放され、より一層今を感じられるようになります。

それによって食べすぎが止まり、ダイエットを続けるやる気や根気が長持ちします。

私の場合、毎日マインドフルネスをするようになってから、冬に屋外に出たときに「寒い」という言葉で片付けていたのを「頬に冷たい風が当たる」というように具体的に描写しながら意識するようになりました。

五感を研ぎ澄ますことは、今ここに生きている喜びを感じることができる、とてもよい方法です。自然を感じて四季の変化を感じ取る習慣は、さまざまな喜びをもたらします。

人間関係にもよい影響を与えるでしょう。

目の前にいる大切な家族の笑顔に気づいてちゃんと見ると幸せを感じます。家族の表情にしっかり意識を向けなければ、その幸せに気づかず感謝の気持ちをもてません。

《見る》

屋外に出たら、自然の色を観察してみましょう。街路樹、道路脇の小さな雑草、花、空の色など。緑色にも青っぽい緑もあれば黄色っぽい緑もあります。

季節によって変わる葉の色を観察するだけでもやさしい気持ちが生まれます。

空を見るのはおすすめです。青い色は心を穏やかにします。

顔を上げることで姿勢もよくなり、気持ちも上向きにしてくれます。

夕暮れ時のピンクや青が混ざった空の色の変化は感動をもたらします。

光のコントラストにも注意を向けてみましょう。日差しの強い日は影がはっきりと見え、風で揺れる葉の動きと一緒に影も揺れます。水に当たる光のきらめきやコップのなかの氷に差し込む光。美しいものは身近にあることに気づきます。

《聞く》

我が家の庭には鳥がよく来ます。春なら、朝6時ごろからうぐいすが鳴きはじめ、日が昇ると高い空からひばりの声が聞こえてきます。私は鳥が大好きなので、近くに鳥が来ていると思うとうれしくなって気分が上がります。

鳥や虫の声、川のせせらぎ、木の葉が揺れる音などが感じられる場所に行く機会をときどき作ると、脳の疲れが軽減するでしょう。

雨音ならどこでも聞くことができます。雨の日には耳を澄ませてみましょう。

自然音は人工的な音より周波数が高く、いやしの効果が高いそうです。

水の音はとくに効果が高いといわれています。

スイスの研究では、音を聞かないグループ、音楽を聞くグループ、水の音を聞くグループに分けて唾液中のストレスホルモンを測定したところ、水音を聞くグループがもっともストレスレベルが低くなっていました。

人工的な音でも、音に意識を向ける時間を作ることで脳の休息になります。

オフィスにいても、外の車が走る音、イスの音、パソコンのキータッチの音など、普段はあまり意識しないところに数秒間意識を向ける時間を作るだけで、その間は考えごとや心配ごとから解放されて脳を休ませることができます。

しかも意識を仕事に戻したときにはＤＬＰＦＣが活性化されていて集中しやすくなるのです。

《皮膚、触覚、痛みに集中する》

指先の感覚については、手を使うムービング瞑想でご説明しました。

指先以外にも、足の裏や洋服に触れている部分、イスに当たっている部分に意識を向けると、触覚に集中するトレーニングができます。

感じない、ということに気づくやり方もあります。私はこれが気に入っています。

たまにケガをしたり、どこかが痛くなったりすることがあると、痛みを感じない瞬間を「あ、今は痛くない」と意識するのです。

慢性的な痛みには、頭痛、肩こり、腰痛、肩や膝の関節痛などがあります。こんな痛みに悩んでいる方は、その痛みがないときに「あ、今痛くない」と感じてみるのはどうでしょうか。「せっかく痛みを忘れているのに」と言われる方もいますが、私は痛みがない喜びを感じるのは悪くないと思います。

１日中痛いんです！　と言われる方でも、痛くない時間がきっとあるはず。もしかすると瞬間的な痛みのくりかえしであって、痛くない時間のほうが多いかもしれません。

《さまざまな香りに集中して脳を休ませる》

生活のなかで香りを感じてみましょう。食べたり飲んだりしているとき以外にも、香りはたくさん存在しています。

私は匂いに敏感ではないので、人が臭いと言ってもよくわからないことがあります。それでもこの匂いが好き、という香りにはすぐに気がつきます。脳の働きっておもしろいなあ、とつくづく思います。

以前行ったセミナーで、日常生活で五感を取り入れるアイデアを参加者にたくさん出してもらいました。そのアイデアには、驚くほど香りに関することが含まれていました。

「朝着る服を選ぶとき、クローゼットで服の匂いをチェックする」というアイデア出した方は、「前日の焼肉の香りとか確認しておかないとね！」とおっしゃっていましたが、そういうのもありだと思います。

毎日の生活のあちこちで香りを意識する習慣があれば、記憶の脳とつながる「嗅覚」ですから記憶の強化にもなりそうです。

包丁の音
食材の色や香りに
意識を集中しよう

汚れがきれいになる過程や水の流れに集中する ——皿洗い瞑想

《めんどうな食器洗いを脳トレに》

食後はゆっくり過ごしたくなります。副交感神経が活発になり、リラックスモードになっているので当然です。しかし家庭で家事を担当している場合は、そうもいきません。

そこでめんどうに感じてしまいがちな皿洗いを、瞑想の時間にしてしまいましょう。

《お皿をきれいにする》

お皿についている食べ物の残りを洗い流しながら、お皿がきれいになっていくのに意識を集中します。やさしくお皿をいたわるように、私たちの食事を快適にしてくれたお皿に感謝の気持ちをもって、きれいにしてあげましょう。

流れていくのは汚いものではなく、私たちのお腹を満たしてくれた食べ物の一部です。

大切な食事が終わり、また次の食事に備えるために、もとのお皿の状態に戻していきます。

《水を感じ感謝する》

水道から流れてくる水を意識します。手の甲、手のひら、指先のどこで感じているのか、水流が強いか弱いか、お湯を使うなら温かさを、水を使うなら冷たさをありのままに感じます。

水が流れる音に耳を澄ませます。水音には心を安らげる効果があります。

蛇口から簡単に水が出てくるところで生きているのは、本当にありがたいことです。

水のありがたみを感じ、大切に使いましょう。

血糖値と上手につきあおう
――糖質のとりすぎは老化と肥満を招く

《血糖値を意識して食べる》

食後の体調にもっとも影響するのが血糖値です。

糖質を一度にたくさんとった場合、血糖値が急激に上がり、早い人で20分、通常1時間くらいでピークを迎えます。お腹がふくれた感じになり体が重たく、だるさが出る人もいます。

血糖は高い状態になると、タンパク質と結びついて変化を起こし、血管や臓器、肌や髪にもダメージを与え老化が進みます。

その後、血糖値は下がりますが、急激に血糖値が上がった人ほどインスリンがそれを下げようとがんばって働くので急激に下がっていきます。ジェットコースターのように血糖が下がっていくときに空腹感やイライラなどの体調不良を感じ、甘いものが食べたくなるのです。

お腹いっぱいランチを食べたはずなのに、4時ごろに空腹感を感じて何かおやつを食べたくなるのはそのせいです。朝ごはんにおにぎりをしっかり食べたのに昼前にお腹が空いてしまうのも、糖質過多の食事のせいなのです。

満腹感がないくらいの腹八分目であれば血糖値の上がり下がりが少ないので、そのような体調の変化をあまり感じることなく、安定した精神状態と集中力を維持できるのです。

糖質のとりすぎは肥満を招きます。糖質制限はメジャーになっているのでご存知の方も多いと思いますが、体脂肪を作っているのは栄養素のなかの脂質ではなく糖質です。

いくらマインドフルに食べても、糖質ばかりの食事ではなかなか体重は減らないでしょう。糖質と炭水化物の違いを知っていますか？　炭水化物＝糖質＋食物繊維です。炭水化物といえば白米、食パン、麺類などですが、現代私たちが口にする炭水化物は真っ白で精製されたものが多いですよね。精製の過程で、米や小麦から食物繊維が取り除かれています。

食物繊維の割合が多いものは、精製されていない玄米や全粒粉の小麦などです。

ということは、普通に白米や白い食パンを食べる生活では、炭水化物と糖質はほぼイコールと考えて問題ないと思います。

食物繊維をとりたければ、炭水化物より野菜のほうがはるかに多いということです。

糖質といえば甘いもの、というイメージがどうしても抜けない方が多いようです。

血糖の高い方に外来で食事指導をしていると、「白いご飯は食べすぎないでと先生が言うので、そうめんばかり食べています」と言われたことがあります。私の伝え方が悪かったようです。

そうめんも精製した小麦なので、ほぼ糖質です。ご飯より噛む回数が少なくスルスルと急スピードで胃のなかに入るので、ご飯より急速に血糖値が上がってしまいます。

糖質は甘いものというイメージが抜けない方は、角砂糖に置きかえるとわかりやすいと思います。**ご飯は茶碗1杯150gとすると、糖質は55gです。角砂糖にすると18個分。角砂糖は1個約3gです。スパゲッティミートソースひと皿は29個分。牛丼は37個分です。**

食物繊維とタンパク質が少ない食事も、血糖を急激に上げる原因となります。

葉物野菜、肉、魚、卵、豆腐などをバランスよく食べて、糖質は適量をとるよう心がければ、疲れ知らず、空腹知らずの元気なダイエットができます。

ぜひ、食後の体調変化に注意してみましょう。しばらくしてだるさや眠気などを感じたら、糖質のとりすぎかもしれません。あるいは野菜が少ないか、タンパク質が足りないか。

食べたものの栄養素を見直してみましょう。

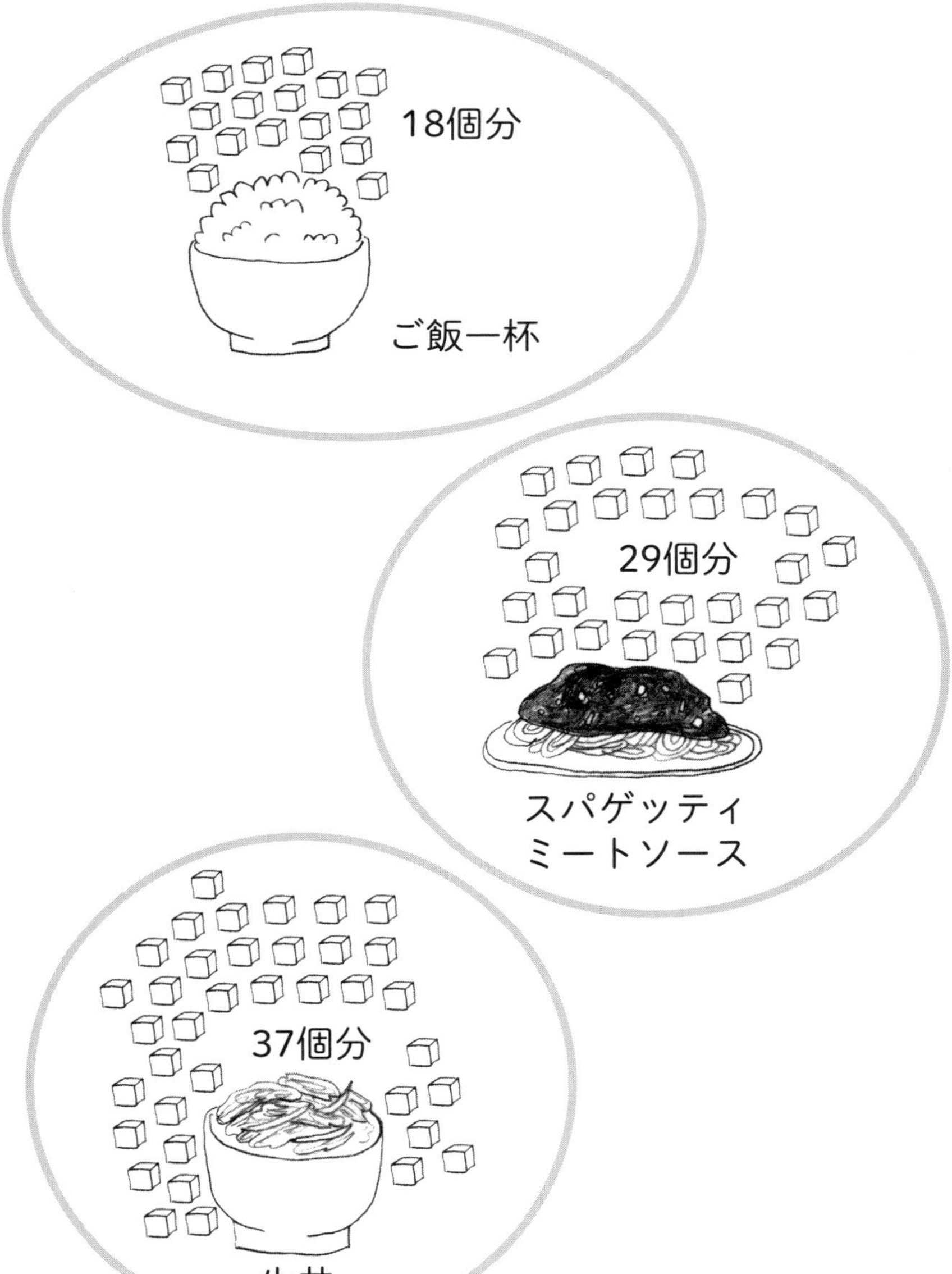
18個分
ご飯一杯
29個分
スパゲッティ
ミートソース
37個分
牛丼

無意識に食べるのでなく手を意識する
―食べ物を運ぶツールに集中する瞑想

《食べ物を口に運ぶ手に感謝する》

私は高齢者の施設を毎週訪れて診療しています。高齢になると、口は動いても、手が食べ物を口に運ぶことができなくなることがあります。手が疲れて食べるのをやめてしまうのです。

神経難病のＡＬＳという病気も、進行すると手が動かなくなるために介助が必要になります。そんな患者さんの様子を見ていると、食べるという行為は口やノドに意識が向きがちだけれど、手も大きな役割をしているのに気づかされます。

スプーンや箸、それを使ってつかむ食材は、元気な私たちにとってはとても軽いものですが、筋力が弱くなるともち上げるのも大変です。手が動くということへの感謝の気持ちをもって食事に向き合うことができれば、食事の時間が尊いものに感じます。

《ナイフとフォークで食べてみる》

家では箸しか使わない人が多いと思いますが、たまには自宅でもナイフとフォークを使ってみませんか？　いつもと違うツールを使って食べることで、手の使い方に意識が向きます。

小さく切って少しずつ口に運べば、食べるスピードも落ちて噛む回数も増えます。

たまには
ナイフとフォークで
食べてみる。

どんなときにヤケ食いしたくなる？
――食欲の暴走に気づく

体の動きを意識しながら食べる、マインドフルイーティングです。

《食べすぎるときの心境を知る》

あなたが無性に何かを食べたくなるのは、どんなときですか？　気がついたらお菓子をむさぼっているようなことがあるとしたら、どんな心境のときでしょうか。

- 何かに腹が立っている
- 精神的に疲れた
- 肉体的に疲れた
- 何かに不安を感じている
- 誰かに言いたいけど、言えないことがある
- どうしようもなく暇

・ただ空腹なだけ

こんな状況ではないでしょうか。**食べ物で何かを紛らわせようとしているのです。**

《ヤケ食い対策を立てておく》

つい食べてしまう状況にできるだけ気づいて書き出し、次にそうなったときの対策を立ててみましょう。

食べ物以外では、音楽を聴く、アロマオイルを嗅ぐ、歩く、誰かと話す、好きな本を読むなどがあります。

口寂しいときのために、食べても太りにくいものを用意しておく方法もあります。**アーモンド、ナッツ類はおすすめです。ココナッツバターは太らないので、これもおすすめです。**

そのままスプーンでなめてもいいし、製氷皿で固めておいて一粒ずつ食べると、ホワイトチョコレートを食べたような満足感があります。昆布や海苔、するめ、小魚、チーズなどもいいでしょう。香りのよいお茶もリラックス効果があって一石二鳥です。

ドライフルーツはNGです。ヘルシーに見えても糖質のかたまりです。

やせる味覚を身につける
──ヘルシーなものが美味しく感じる

《加工食品が味覚を狂わせる》

お店で作られたドーナツをはじめ、加工食品には大量の化学調味料と糖分、塩分、脂質が含まれています。自然界の食べ物ではありえない味の濃さを、私たちに提供しています。

この強すぎる刺激が、私たちの味覚を狂わせているのです。

カレーライスやチョコレートなどは、糖質と脂質が多い食べ物です。こうした脂っこく味の濃いものは、無性に食べたいという気持ちを引き起こします。つまり依存性があるのです。

これには脳のドーパミンというホルモンが関係しています。

甘くまったりとした食べ物を口にするとドーパミンというホルモンが分泌され、高揚感と幸福感をもたらします。

長くは続かないので、しばらくするとまたその高揚感を求めて食べたくなるのです。

ファストフードなどの濃い味の料理や甘いお菓子に依存して食べ続けると、確実に味覚が狂います。

そして糖質と脂質の多い食事をとり続けると肥満になる、という悪循環なのです。

外食や甘いものが好きな人が健康にやせるためには、まず加工食品から少しずつ離れることから始めましょう。

甘く濃いものを
食べると脳から
ドーパミンが
分泌
依存性が高い

《亜鉛不足が肥満を招く》

栄養素の欠乏でも味覚障害が起こることがあります。それは亜鉛です。

亜鉛欠乏の人が現在増えています。

舌にある味細胞は入れかわるスピードが速く、10日のサイクルで新しい細胞ができます。**亜鉛は皮膚などの細胞の再生に必要なので、足りないと味細胞が再生できなくなります。その結果、味覚異常のために味付けが濃くなったり、甘いものを好むようになったりするのです。**

亜鉛不足は皮膚炎や肌荒れ、抜け毛、知覚過敏、疲労やイライラ、生理痛の悪化なども起こします。

亜鉛は魚介類や肉類に多く含まれます。

加工食品にはほとんど含まれないので、ファストフードや加工食品だけで暮らしていると確実に不足します。

また、年齢が上がるほど吸収率が下がるので、高齢になったら亜鉛が不足する可能性が高くなります。

加工食品を減らし、魚介類や肉類をとるようにして、味覚を正常に保ちましょう。

亜鉛不足で
舌が味覚異常になる。

↓

甘いもの濃いものを
好むようになる

夜ふかしと睡眠不足は太る
―睡眠時間にマインドフルになる

《ちゃんと寝ると、ちゃんとやせる》

夜ふかしと睡眠不足は肥満を作ります。
これは、私が本書で絶対に伝えたいことのひとつです。

夜ふかしと睡眠不足を解消するだけで必ず何キロかやせます。

やせたいのに睡眠を軽視する人が多いのは、残念としか言いようがありません。ここでは睡眠がなぜ大切なのかをお伝えします。

《短眠・熟眠を目指さない》

日本では、睡眠を削って勉強や仕事をするのが美徳とされる風潮があります。ナポレオンやアインシュタインが4時間睡眠だったという話は有名です。

一部の偉人の行動や言葉に後押しされて、寝ることは休んだり怠けたりすることだと考えられていたようです。

私が学生のころは、何度となく「4当5落」という言葉を耳にしました。4時間睡眠で勉強した人は受験に合格し、5時間寝た人は不合格になるという意味です。

脳の働きから考えると、まったくナンセンス。睡眠を削って勉強するのは愚の骨頂です。

近年の研究によって睡眠の重要性が年々明らかになっています。

睡眠不足は、飲酒したときと同じような体の状態になります。

不眠症で慢性的に睡眠不足のトラックドライバーは、不眠症でないドライバーと比較すると事故が2倍、ニアミスが3倍という結果が出ました。ある実験では、飲酒をした人より20時間寝ていない人の運転のほうが危険性が高かったそうです。

当直明けの医師にタッチパネルで質問に回答してもらう実験を行ったところ、睡眠を十分にとった医師にくらべて作業時間が14％長く、ミスが20％も増えていました。ミスがこれほど多くなるのに、医師は当直明けでも通常どおり勤務をしている病院がほとんどです。

私自身も、救急外来で一晩中働いたあとに通常勤務をして、帰宅するときにはフラフラして運転するのがとても怖かった記憶があります。

運転もそうですが、人の命を扱う業務を飲酒と同じ状態で行うのは、本当に危険です。病院でさえこのような状態を改善する動きが進まないので、睡眠の重要性を知らずに長時間労働を続けている人があとを絶ちません。

睡眠不足では、脳の頭頂葉や前頭前皮質でグルコースの量が減ります。

これまで何度も出てきたＤＬＰＦＣも同じところにあります。

そのため寝不足だと甘いものが欲しくなったりイライラしたり我慢できなくなったりします。

睡眠負債という言葉をご存知でしょうか。睡眠負債とは、睡眠不足による健康への悪影響がたまっていくことです。**短期の睡眠不足でも、集中力低下、記憶力の低下、イライラなどが生じ、長期に及ぶと、免疫力が低下し、肥満になりやすく、妄想、幻覚、けいれんを起こすこともあります。**私は実際に何度もそのような患者さんを診察しています。

これまで健康だったビジネスマンが、朝会社に着いて働こうとしたときに突然倒れ、運ばれてくるというケースです。頭部ＭＲＩや脳波、心臓などを調べつくしても異常がありません。

意識を取り戻してくわしく事情を聞くと、長期にわたる睡眠不足と過労の状態であることがわかるのです。そのような方は、たいてい3ヶ月以上もの間を4、5時間の睡眠で働き続け、休日もほとんどありません。

このように睡眠負債は数ヶ月で重大な問題を引き起こすことがありますが、これが数年にわたるとじょじょに体をむしばんで、メタボリックシンドローム、脳卒中、心筋梗塞、骨粗しょう症、がん、肺炎などを起こすこともあります。

睡眠の役割は、体や頭を休ませるだけではありません。

脳神経とそのほかの臓器に対して、とても重要な働きをしています。

❶記憶の定着と整理
❷自律神経の調整
❸腸内細菌の調整
❹**食べすぎを抑え、**代謝をよくする
❺免疫力を高める
❻ホルモンの調整

❶記憶の定着と整理

脳には、不要になったタンパク質を洗い流すリンパ液が流れています。老廃物を流すことで脳へのダメージを抑えています。

このリンパ液は昼間はほとんど流れず、夜間の睡眠中に劇的に増えることが近年わかりました。この循環システムをグリンパティックシステムと呼びます。

アルツハイマーの原因となるベータアミロイドタンパクも、このシステムで睡眠中に洗い流されるタンパク質です。

しっかり質のよい睡眠をとると認知症の予防につながるということです。

また、レム睡眠は記憶を強化します。レム睡眠が少ないと、朝起きたときに昨日の記憶があいまいになってしまいます。お酒を飲むとレム睡眠が少なくなるので、飲みすぎた翌朝は記憶が残っていないことがあるのです。

さらに、睡眠不足はよい記憶より悪い記憶を2倍多く定着させます。睡眠はよい記憶を増やして、人生をよりよいものに感じさせてくれます。

❷自律神経の調整

自律神経には、緊張するときに働く交感神経と、リラックスしているときに働く副交感神経があります。副交感神経はノンレム睡眠のときに活発になり、肉体的にも精神的にもストレスがやわらぎ、幸福度が高まります。

日中緊張して過ごすことが多い人ほど交感神経が優位になっているので、睡眠で副交感神経の働きを高めて自律神経のバランスをとる必要があります。

副交感神経には血圧を下げたり、消化管の動きを活発にする働きがあるので、質のよい睡眠をとると高血圧や便秘なども改善しやすくなります。

❸腸内細菌の調整

日中の活力を増やして幸せ感を高めるホルモンのセロトニンは、95％が腸にあります。また、寝つきをよくするのに重要なホルモンのメラトニンも、脳の400倍以上が腸にあります。

睡眠のリズムが乱れて体内時計が正常に働かなくなると、腸内細菌の種類、割合も変わります。時差ボケによって、肥満や糖尿病の人に多い細菌が増えることもわかりました。

❹食べすぎを抑え、代謝をよくする

睡眠不足では食欲を抑えるホルモン、レプチンの分泌量が減ります。糖質を代謝するインスリンの働きも、4時間睡眠を5日間続けると50％も減ることがわかっています。

睡眠不足では理性や我慢に関わるDLPFCの機能も下がるので、食欲が抑えられなくなります。6～9歳の小児では、睡眠が10時間未満の子供は、そうでない子供にくらべて肥満の割合が1・5～2・5倍だそうです。

逆に、肥満が睡眠不足のもとにもなります。肥満の人は、食後に出るコルチゾールが増えます。コルチゾールは脂肪をためこむホルモンです。

また、首周りに脂肪がついていると、睡眠時無呼吸症候群になって睡眠が浅くなります。

❺免疫力を高める

睡眠をとると、病原菌と戦う抗体の量が増えます。B型肝炎ワクチンの研究では、睡眠時間が1時間増えるごとに抗体の濃度が56％も増えることがわかりました。とくに平均睡眠時間が6時間未満の人は、7時間以上睡眠をとった人にくらべて接種したワクチンの効果が得られない確率が7倍だったそうです。

❻ホルモンの調整

ホルモンバランスにも大きな影響を与えます。

この働きを理解して、ホルモンをうまく分泌させる生活をするとやせやすい体質になります。

次章でくわしく解説しますので、しっかりチェックしてくださいね。

《何時間眠るのがいいのか？》

では、何時間眠ればよいのでしょうか。いろんな意見がありますが、多くの医学研究の結果からは7時間がもっとも長寿であることがわかっています。

短時間睡眠でも元気な方はいますが、平均の睡眠が6時間未満で健康に問題ない人は人口の10％もいません。人口の9割近くが6～9時間の睡眠を必要としています。

日本人の平均睡眠時間は7時間41分で世界の中でも2番目に短く、6時間未満の人は39・5％もいます。**睡眠が6時間未満の人は、7時間以上の人にくらべて、肥満、糖尿病、心臓病の有病率が上がり、死亡率は2・4倍です。**

ただし、絶対に7時間以上眠らなければいけない、と睡眠時間にこだわりすぎるのも考えものです。

年齢とともに基礎代謝量や消費エネルギーが減ってくると、必要な睡眠時間もじょじょに減っていきます。厚生労働省の睡眠指針では、睡眠できる時間は20年ごとに30分ずつ短くなる傾向があります。

世界各国のデータ集計による平均睡眠時間

15歳前後……8時間
25歳……約7時間
45歳……約6・5時間
65歳……約6時間

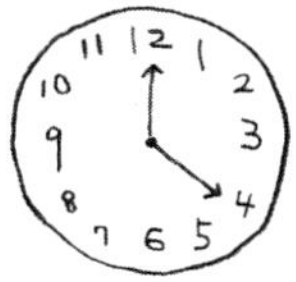

また、眠る時間帯は年齢が上がるに従って、じょじょに前にずれてきます。

何時間眠らなくてはいけないと決めつけるより、日中眠くならず、体調よく過ごせる睡眠時間を自分で見つけることが大切です。

眠れないのに無理に寝床に入っていても、逆に不眠の感覚があってつらいかもしれません。そんなときは遅寝早起きにしてしまい、短時間の昼寝で体調を整えるのも悪くありません。

今の体にとって快適な睡眠時間と生活スタイルで過ごすことが大切です。

睡眠が足りているかどうかの目安は、「日中眠くならないこと」「休日もいつもどおりの時間に目が覚めること」です。呼吸瞑想をしているといつも眠気がおそってくる方は、睡眠時間が短いか、深い睡眠が得られていないと考えたほうがよいでしょう。

7時間、8時間眠っているのに瞑想では眠ってしまうという方は、夜間にいびきをかいていないか、ご家族などに聞いてみましょう。睡眠時無呼吸症候群の可能性もあります。

休日も
同じ時間に
起きられますか？

第5章

マインドフルネスを日常で活用する

マインドレスに食べてしまうものを知る
――ストック食材をチェック

《食べ物へのこだわりに気づく》

好きだけどダイエットのために避けている食べ物はありますか？

避けたいけど、結局食べてしまって後悔するものです。

それらを一度、紙に書き出してみましょう。

それはクッキーやポテトチップス、ビールなど、食べたあとに罪悪感を感じたり、食べだしたら自制心がなくなって止まらなくなったり、あなたによい感情をもたらさないものです。

あなたはその食べ物を「悪もの」だと思い、逃げようとしていませんか？

そんな食材への思いに気づいてみましょう。

食べ物が悪いのではなく、それを食べ続けてしまうあなたの行動に問題があります。

書き出した食べ物のリストを見て、うまくつきあう方法を考えてみるのはどうでしょうか。

苦手な人に絶対会わないと決めるのではなく、適度な距離感でつきあう方法を模索するようなものです。

クッキーが好きだけど体重を落としたいのなら、週に1度がんばったときのごほうびにする方法もあります。そうすると距離を置きつつ楽しんでつきあうことができます。

週に1回なら罪悪感で自分を責めることもありません。

1回あたりの食べる量を決めておくとか、甘いものがほしくてたまらないときのために、少しだけの量を準備しておくという手もあります。

ストック食材をチェック

《家の食材をチェック》

イライラしたときに向かってしまう食材置き場がありませんか？　家にある食材をざっとチェックしてみてください。どんな食べ物がありましたか？　先ほどリストにあげた「悪もの」にしていた食べ物が、ちゃっかり場所を占めていませんでしたか？

こだわりのある食べ物とうまくつきあうためには、視界に入らないようにするのが大切です。**目に入ると、それほど食べたくなくても食べたい気持ちにスイッチが入ってしまいます。**

《処分する》

太るとわかっているもの、明らかに健康によくないものは思い切って処分しましょう。

もったいないですか？　お腹に入れて、あなたの体の脂肪としてたくわえたほうがよいなら食べてください。健康的な美しさを手に入れたいなら、食べ物を入れ替える勇気をもちましょう。

《もって帰らない》

職場や友達からおみやげをもらいますか？

ありがたいものでも、健康を害してまで全部自分で平らげる必要はありません。

ほしい方に分けてあげてはどうでしょう。

《家族はいいが自分にはNGなものは》

あなたはたくさん食べたくないけれど、家族みんながそうとは限りません。お子さんのいる家庭なら、おやつが常備されていて目についてしまうこともあるでしょう。そんなときも、できるだけ自分の目の届かないところに置きましょう。

とおりすがりに見えるようなところに置くのはよくありません。

・ふわふわパン
・クッキー
・ちくわやかまぼこなどの練り物
・ビール、穀物
・酢じょう油
・ケチャップ…etc.

小麦に含まれる
グルテンは依存性があり、
血糖も急上昇する

《毎日食べている自分を想像できる食材リストを作る》

ある女性は油はとってはいけないと考えて、油ののった青魚やバターを避け、大量のフルーツを食べていました。これがいいのか悪いのか、イメージだけではわかりません。

しかし、脂質がすべて悪いという考え方は間違いです。脂は体にとって大切な成分で、足りないとビタミン吸収を妨げホルモン分泌がうまくいかなくなります。

肌や髪のツヤも悪くなり、代謝も下がって逆に太りやすくなってしまいます。

よい脂をとることが大切なのです。アボカドや青魚の脂は積極的にとるべき脂質です。

そして、フルーツは果糖という糖分を含みます。糖質のなかでも、果糖は血糖値は上がりにくいけれど脂肪を作りやすいのが特徴です。

正しい知識を身につけて、精製されていない適度な量の糖質、質のよい油、加熱しすぎていないタンパク質のなかで、積極的に食べたい食材、毎日食べている自分を想像すると気分が上がる食品のリストを作ってみましょう。

食材置き場の主役を少しずつ、このリストにあるものに変えていくのが理想です。

毎日食べたい食材

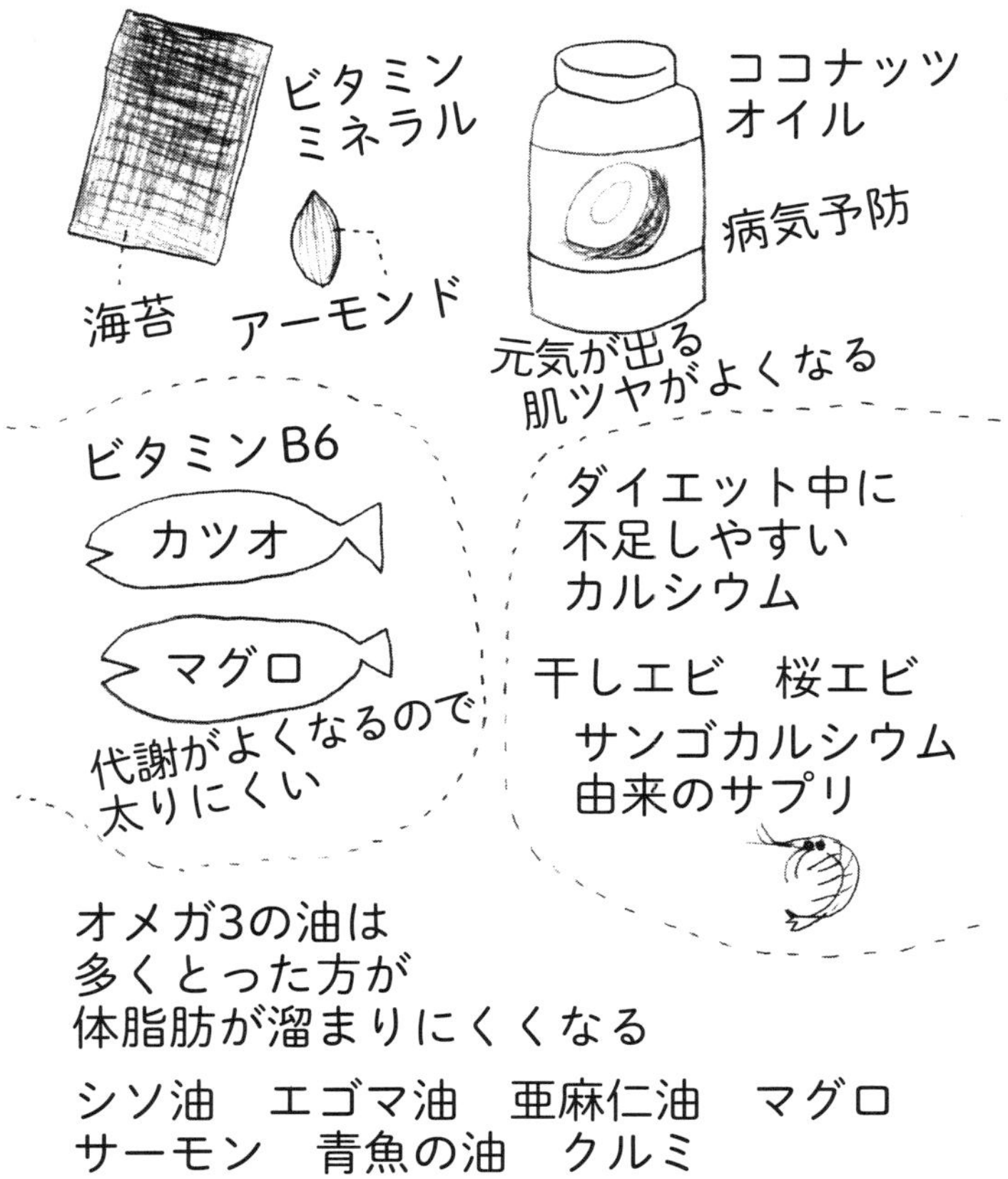
ビタミン
ミネラル
海苔
アーモンド
ココナッツ
オイル
病気予防
元気が出る
肌ツヤがよくなる
ビタミンB6
カツオ
マグロ
代謝がよくなるので
太りにくい
ダイエット中に
不足しやすい
カルシウム
干しエビ　桜エビ
サンゴカルシウム
由来のサプリ
オメガ3の油は
多くとった方が
体脂肪が溜まりにくくなる
シソ油　エゴマ油　亜麻仁油　マグロ
サーモン　青魚の油　クルミ

太りはじめる前後の生活の違いに気づく
――時間を巻き戻す瞑想

《記録とふりかえりが大切》

体重にこだわるよりも、何を食べてどんな生活をしているかが大切だとお伝えしてきました。

しかし、体重を記録することは大切です。

自分の生活がどのように体に影響を与えたのか、ふりかえることができるからです。

どこに記録してもいいと思います。カレンダーでも、手帳でも、アプリでも。スマホの健康アプリにはさまざまな機能がついており、楽しみながら続けやすいのでおすすめです。

体重、食事の写真、運動量などを総合的に記録できるものは、ふりかえるのに便利です。

《肥満・減量の分岐点はどこか》

体重に関しては、グラフ化してみると推移がよくわかります。

週間、月間、年間で表示させて、体重がどこで増えたのか、減ったのかをよく観察してみると気づきがあると思います。旅行したとき増えて、その後なかなか減らなかったこと、仕事が忙しい時期に体重が減っていたこと、運動をがんばっていた時期はこのぐらいだったなど、何が自分に影響を与えたのかがはっきりと可視化できます。**傾向がわかると、次はこうしようという対策が立てやすくなるので、ぜひグラフ化してこまめにふりかえってみてください。**

《時間を巻き戻して瞑想する》

グラフ化した自分の体重の推移を見つめて分岐点に気づいたら、太りはじめたところでもやせはじめたところでもかまいませんので、そのときの生活を思い出してみましょう。

例えばこんな感じです。

「体重が増えはじめた去年の11月ごろ、友人と沖縄旅行に行った。食べ歩きをして体重が増えた。そのあと仕事が忙しくなり、余裕がなくなって手作り弁当をコンビニ弁当に変えた。はじめはコンビニ弁当のご飯は多く感じて半分残していたけど、最近は全部食べるようになった」

分岐点の生活の変化に気づいたら、きっとダイエット成功へのヒントが見つかるはずです。

良質な睡眠でやせホルモンを出す
――寝る前の2時間がカギ

質のよい睡眠が得られれば、脳の働きがよくなり代謝も上がってやせやすい体質になります。では、どのようにすれば質のよい睡眠がとれるのかご説明します。

《睡眠の基礎知識》

睡眠にはレム睡眠とノンレム睡眠があります。

レム睡眠のレム（REM）はrapid eye movementの略です。この睡眠では目は閉じていても眼球がすばやく動いています。しかし、体はあまり動きません。

ノンレム睡眠では眼球が動きませんが、体の筋肉は動きます。ノンレム睡眠のなかで眠りがもっとも浅いのが深度1、もっとも深いのが深度4です。

レム睡眠からノンレム睡眠になり、またレム睡眠になりをくりかえしています。つまり、浅い睡眠からじょじょに深くなり、またじょじょに浅くなるというサイクルです。もっとも深い

4まで到達しないサイクルが多いのですが、深度4まで到達するのがもっとも多いのは眠りはじめの90分以内です。**この深い睡眠のときに体にうれしい変化が起きます。**

つまり、はじめの睡眠サイクルでいかに深く眠るかが大切なポイントです。

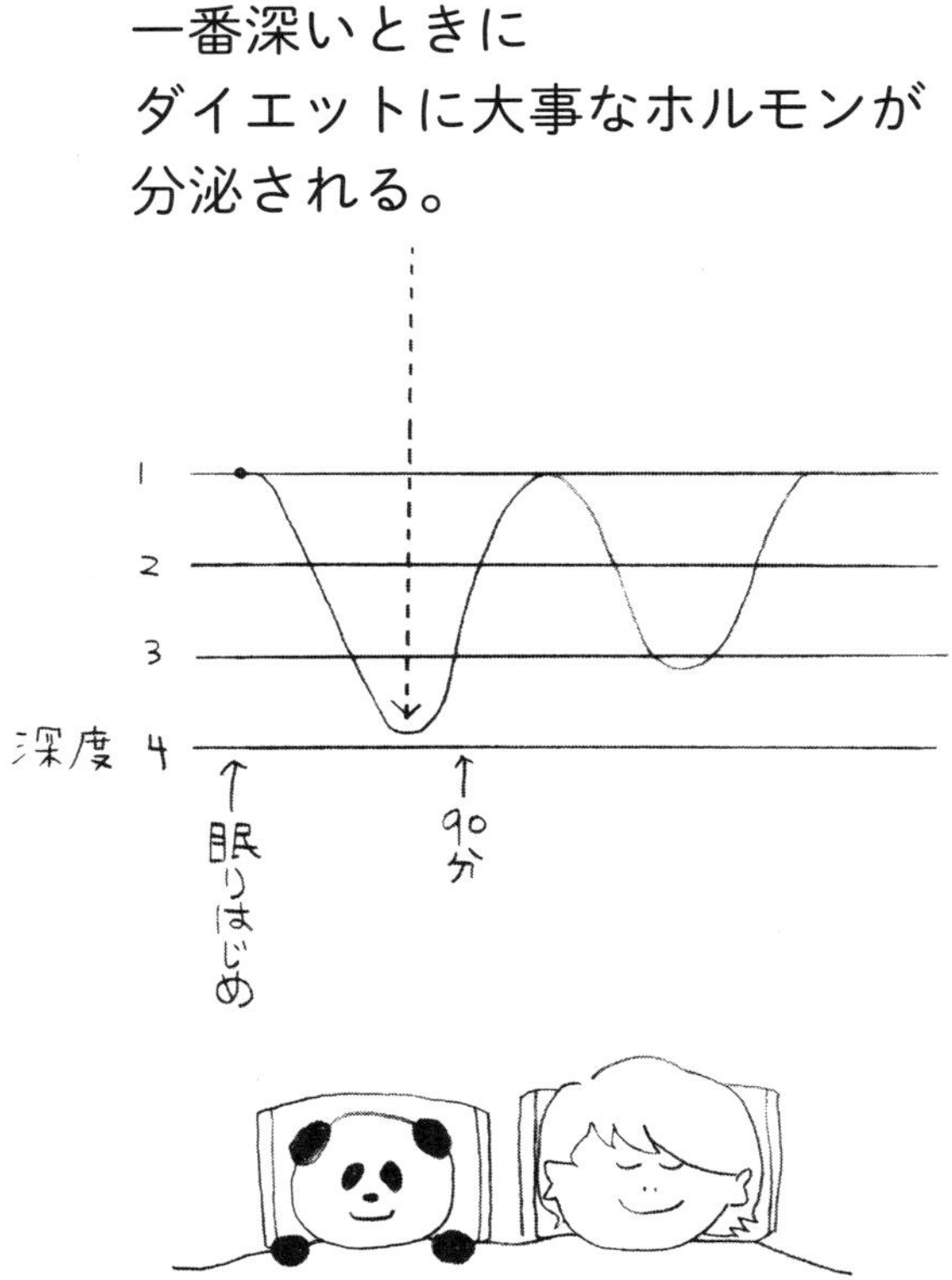

《睡眠で変わるホルモン》

睡眠で調節されるホルモンのなかで代表的なものは、おもにこの6つです。

セロトニン……心のバランスを整えるホルモン
メラトニン……夜の寝つきをよくするホルモン
成長ホルモン…体の成長、肌の再生、疲労回復、脂肪の燃焼をうながすホルモン
コルチゾール…ストレスで過剰に分泌されるホルモン。朝の目覚めをうながしてくれる
レプチン………満腹を感じるホルモン
グレリン………空腹を感じるホルモン

《目覚めのホルモン、快眠のホルモン》

目覚めのホルモンはセロトニン、快眠のホルモンはメラトニンです。

セロトニンとメラトニンはセットで考えましょう。

セロトニンとは、脳から朝に分泌されるホルモンで、このホルモンが日中によく分泌されていると夜に熟睡できて、幸福感や満足感をもたらします。自然光を浴びると分泌されるという

特徴があります。目に光が入ると脳に情報が伝わってセロトニンが合成されます。皮膚の細胞でもセロトニンを生成します。

このセロトニンは、夜の寝つきをよくするホルモンのメラトニンに変わります。

セロトニンの分泌に有効な方法を4つ紹介します。

❶太陽光を浴びる

朝6時から8時半までの太陽光を30分以上浴びると効果的です。

晴れた日の屋外は、屋内の100倍以上の明るさがあります。

屋外に出るのが難しいときは、窓辺で過ごすだけでも効果は上がります。ポイントは、目と皮膚の両方で光を浴びることです。起きたらすぐカーテンを開ける、洗濯を干す、窓際で朝食をとる、通勤でひと駅歩くなどの工夫をしてみましょう。

❷リズム運動をする

リズム運動といえば音楽に合わせたダンスを連想するかもしれませんが、ダンスでなくても大丈夫です。

体の筋肉を一定周期で動かすことを指します。

腹筋を使った呼吸瞑想、ウォーキング、トランポリンなどいろいろあります。

硬いものをよく噛むことや、ゴルフのすぶりをするのも有効です。

午前中の早い時間に行うと、睡眠時間が長くなります。

夜寝る直前の激しい運動は交感神経を活発にして寝つきが悪くなることがありますが、寝る4、5時間前なら睡眠を妨げることはありません。

❸スキンシップをする

手をつないだり、ペットをなでたり、信頼できる人と会話したり目を合わせることも効果があります。

❹トリプトファン

トリプトファンというアミノ酸を摂取すると、セロトニンが合成されます。多く含まれる食品には、納豆や豆腐などの大豆食品やバナナなどがあります。

メラトニンは睡眠に大切なホルモンです。体内時計を整える、アンチエイジングやDNAの保護、がんの予防、脂肪の蓄積を抑える、コレステロールや血糖を下げる、骨粗しょう症の予防、免疫の改善、血圧の正常化などの効果があります。

メラトニンには抗エストロゲン効果があります。エストロゲンは過剰に分泌されると、女性なら乳がん、子宮がん、子宮筋腫、男性なら性腺発育不全、女性化乳房、乳がんなどを起こしやすくなります。夜間シフトで働いた女性は、乳がん発症率が30％上がります。その年数が長いほど、確率は高くなります。

夜間シフトで増える病気は、乳がん以外にも大腸がん、肥満、心疾患などがあります。

メラトニンを出すには、まず夕方以降に浴びるブルーライトをできるだけ少なくすることが大切です。スマホ、パソコン、テレビ、室内の照明などのほとんどの明かりにブルーライトが含まれます。

日中は浴びても大丈夫ですが、夜遅くブルーライトを浴びると、メラトニンの分泌が抑制され寝つきが悪くなります。

メラトニンは、セロトニンにビタミンB12が働いて分泌されます。タンパク質やビタミンB

群などでメラトニンの材料となる栄養素をとりましょう。

メラトニンは体内で作る以外に、白菜、キャベツ、レタス、米などにも含まれます。夕食に葉物野菜を多く取り入れると、糖質が少なく睡眠中にメラトニンも出せるので効果的です。

《満腹ホルモンと空腹ホルモン》

満腹を感じさせて食欲を抑えるホルモンには、インスリン、セロトニン、レプチンなどがあります。

空腹を感じさせて食欲を増すグレリンは、日本人が1999年に発見したホルモンです。

スタンフォード大学の研究では、睡眠時間が5時間の人より8時間の人のほうがレプチンが15％増え、グレリンが15％減ったという結果が報告されています。

眠れば食欲が抑えられ、睡眠が足りないと食欲が亢進するというのは科学的に証明されているのです。

《肌とスタイルを美しくする成長ホルモン》

成長ホルモンは、体の成長を促し、骨や筋肉を作ります。肌の修復能力や保水量を高める作用もあります。**疲労を回復し、脂肪を燃焼させ、免疫力も向上させます。**

《コルチゾールを減らしてストレスをやわらげる》

コルチゾールは、ストレスを受けると過剰に分泌されます。深夜から朝にかけて増加して目覚めを促し、昼から深夜にかけては減少します。コルチゾールが減るとメラトニンが増えて眠気をうながします。

コルチゾールは、過剰に分泌されると肥満、糖尿病、高血圧の原因になり、成長ホルモンの分泌を抑えます。太陽光を浴びることで、夜間のコルチゾールを減らすことができます。

《眠れる食事》

よく眠れる栄養素のとり方をご紹介します。

朝はタンパク質をしっかりとってセロトニンの分泌をよくし、夕食には葉物野菜を多くとってメラトニンを増やします。寝る直前には糖質を控えて血糖値の変動を抑えて、朝までぐっすり安定して眠れるようにするのがポイントです。

質のよい睡眠を目指すなら、14時以降はカフェインをとらないようにしましょう。

カフェインはアドレナリンやコルチゾールを増やすので、興奮や覚醒の作用があります。カフェインを飲んだあと、血液中で半分の濃度になるまで8時間かかります。15時に飲んでも23時ごろまで残っているので、飲むなら14時ごろまでにしておくのがベターです。

とはいえ、カフェインにはメリットもあります。朝飲めば目覚めがよく、日中の集中力や注意力をアップさせる効果があり、がんを予防する効果もあります。

飲酒には気をつけましょう。寝はじめの睡眠は深くなりますが、そのあとは浅い睡眠が朝まで続くので疲れが残りやすくなります。

また、アルコールの利尿作用でトイレに目覚める確率が上がります。

《寝床にスマホをもち込まない》

睡眠前のブルーライトはメラトニンの分泌を抑制して、寝つきが悪くなりレム睡眠が短くなります。

パソコン、スマホ、テレビなどは、寝る90分前から消すのが理想です。

至近距離でブルーライトが目に入るスマホは、とくに注意です。就寝前のＳＮＳやネット検索は、ドーパミンが出てさらに興奮、覚醒するのでできるだけやめましょう。

夕方以降は家の照明もじょじょに暗くして、ブルーライトカットメガネなどを活用するのもおすすめです。ちなみにパソコン作業にはｆ・ｌｕｘというソフトが便利です。時間帯に合わせて自動的にパソコンのブルーライトを調整してくれます。

《22時から2時がゴールデンタイム》

睡眠に最適な時間帯は22時から深夜2時までです。

ホルモン分泌のピークが訪れるので、疲労回復はこの時間に行われます。この時間に深い睡眠がくるように、ふとんに入るのは21〜23時までにするのが理想的です。

睡眠のサイクルがよく変わるシフト勤務の人は、夜勤を続けるのと同じくらい体にダメージを受けます。海外出張などで時差ボケをくりかえす人も同様で、老化を早めます。

週末の寝だめは、睡眠の時間帯がひんぱんに変わることになるので社会的時差ボケともいわれ、体によくありません。

《体温を下げながら眠りにつく》

寝る時間に向かって体温を下げていくと、寝つきがよくなります。

脳の視床下部という部分は、自律神経やホルモン、感情に関わるところです。体温が上昇すると、視床下部が体温を下げようとして活発になります。

お風呂に入るなら、寝る1、2時間前に済ませておきましょう。寝る直前に入浴する人は、ぬるめのシャワーを短時間で済ませるのが理想です。寝室は少し涼しめのほうがよいでしょう。

《寝つきのよい香り》

香りの効果も活用しましょう。

香りを認識する嗅神経は、脳から直接出ている脳神経なので、ダイレクトに脳に伝わります。**ラベンダーなどの神経をしずめる香りを嗅ぐと寝つきがよくなります。**寝具や部屋にスプレーしたり、ディフューザーや入浴剤、ハンドクリームなどを使うのもいいでしょう。

《真っ暗がベスト》

部屋の明るさは、真っ暗がベストです。

アイマスクをしていても皮膚が光を感じてメラトニンを抑制します。また、子供の場合は小さな明かりでも、つけたまま寝ていると近視になる確率が上がります。

《仰向けで寝よう》

寝つきのよい姿勢は仰向けです。

ただし、睡眠時無呼吸症候群は、仰向けより横向きのほうが空気のとおりがよくなります。そうでないなら、ふとんに入ったらまずは仰向けに横たわりましょう。

片方の肩や腕に重力がかかる状態は、背骨のゆがみの原因になります。

仰向けは胸郭が開きやすく、全身の筋肉がリラックスしやすい体勢です。

座っている時間を縮める
―タイマーを使った歩く瞑想

《長時間座っている人ほど死亡率が高い》

運動するが長時間座っている人と、運動しないが立っている時間が長い人を比較すると、前者のほうが健康によくないことがわかっています。

カナダのブリティッシュ・コロンビア大学の調査では、1日13時間以上座っている人や60～90分座る作業をくりかえすグループは、座る時間が短いグループやときどき立ち上がって体を動かすグループにくらべて、早期に死亡する確率が2倍になることがわかりました。

そして、30分以上座り続けないで立ち上がるグループが、もっとも死亡リスクが低かったのです。

長い時間座ることのデメリットには、運動機能が落ちる、インスリンの感受性が下がる、消費するカロリーが下がる、心臓の機能が下がるなどがあります。立っている時間が長いと足や体幹を支える筋肉が働くので、ミトコンドリアを増やしてくれます。

30分以上座らない！

《デスクワークにも健康にも効くポモドーロ法》

ポモドーロ法という、勉強や仕事の作業効率を上げるためのテクニックがあります。デスクワークをするときには25分タイマーをかけ、時間が来るまで集中します。タイマーが鳴ったら、途中でも仕事の手をとめて5分休憩。その間、立ち上がったり体を動かす方法です。トマト（イタリア語でポモドーロ）の形をしたキッチンタイマーが名前の由来です。

集中する時間を区切ることでメリハリをつける効果があるのですが、座りっぱなしの健康被害を予防するのにも役に立つ方法です。

《立って作業するといいことがたくさん》

私はこの本を立って書いています。大きな台を机の上に置いて、その上にノートパソコンをパソコン用スタンドに立てます。パソコン画面が顔の正面にくるようにしていると、常に姿勢よく立っていながらデスクワークをすることができます。

キーボードだけは外付けのものを使い、腰の高さに置いています。パソコンのキーを打つ手が高い位置にあると肩や腕が疲れるからです。

慣れると意外と疲れませんし、集中できるので気に入っています。

立った状態で会議を行う会社もあります。健康のためだけでなく、頭が活性化して短時間で会議が終わるそうです。

そのほか、本を読む、スマホを見る、テレビを見るなど、いつもは座ってすることを、あえて立ってするのもいいですね。

立って生活することを心がけよう

日常生活で上手に活動量を増やしてダイエット
——家事でできる瞑想

《日常生活で消費するエネルギーを増やす》

健康的にダイエットをするなら運動も大切です。

運動のメリットは、カロリーを消費するだけではありません。疲れにくくなる、脳が活性化する、ストレスが解消できる、姿勢が美しくなる、ポジティブになる、心肺機能が向上する、基礎代謝量が増加するなどさまざまな効果があります。

フレイルといって、高齢者の筋肉が減ることによって体力が衰え、生活が制限される状態が問題になっています。筋肉量のピークは20歳で、42歳ごろから減少スピードが上がります。

普通に生活していても1年で1%、寝たきりの人ではなんと1日に1%も筋肉が減少します。

運動というと、ジョギングや筋トレのイメージがあるかもしれませんが、筋肉を使うだけでも運動効果があります。

寝るよりも座る、座るよりも立つことで、筋肉量を保つことができます。

ＮＥＡＴとは非運動性活動熱産生（Non-Exercise Activity Thermogenesis）の略で、運動ではなく日常生活で消費するエネルギーのことです。

週に90分の中等度の運動で、健康増進効果があることがわかっています。なんとこれは、毎日やっても、週に2回にまとめても、効果は同じなのです。

少しずつ日常生活のなかに運動を意識した動きを取り入れることで、健康寿命をのばすことができます。

ＮＥＡＴを増やすためにできることには、以下のようなものがあります。

・姿勢をよくする
・立つ時間を長くする
・歩数を増やす
・歩き方を意識する
・小走りを増やす
・階段を使う

姿勢をよくすることや立つことはすでにお伝えしましたが、歩数を増やすのもNEATを増やすよい方法です。

・歩ける距離は車を使わない
・遠回りをする
・わざと遠いところに車を止める
・エレベータを使わず階段を使う
・ちょっとの距離を小走りで動く
・家のなかをちょこちょこ走り回る

普段の歩き方にも気をつけていると、さらに効果的です。

・視線を遠くに
・アゴを引いて
・胸を張って

・肩の力を抜いて
・腕を引くときはうしろななめ45度
・前に出す足を伸ばす
・歩幅は広く
・つま先は正面を向ける

これらに気をつけてマインドフルに歩くと、効率的に体幹や足の筋肉を使うことができます。

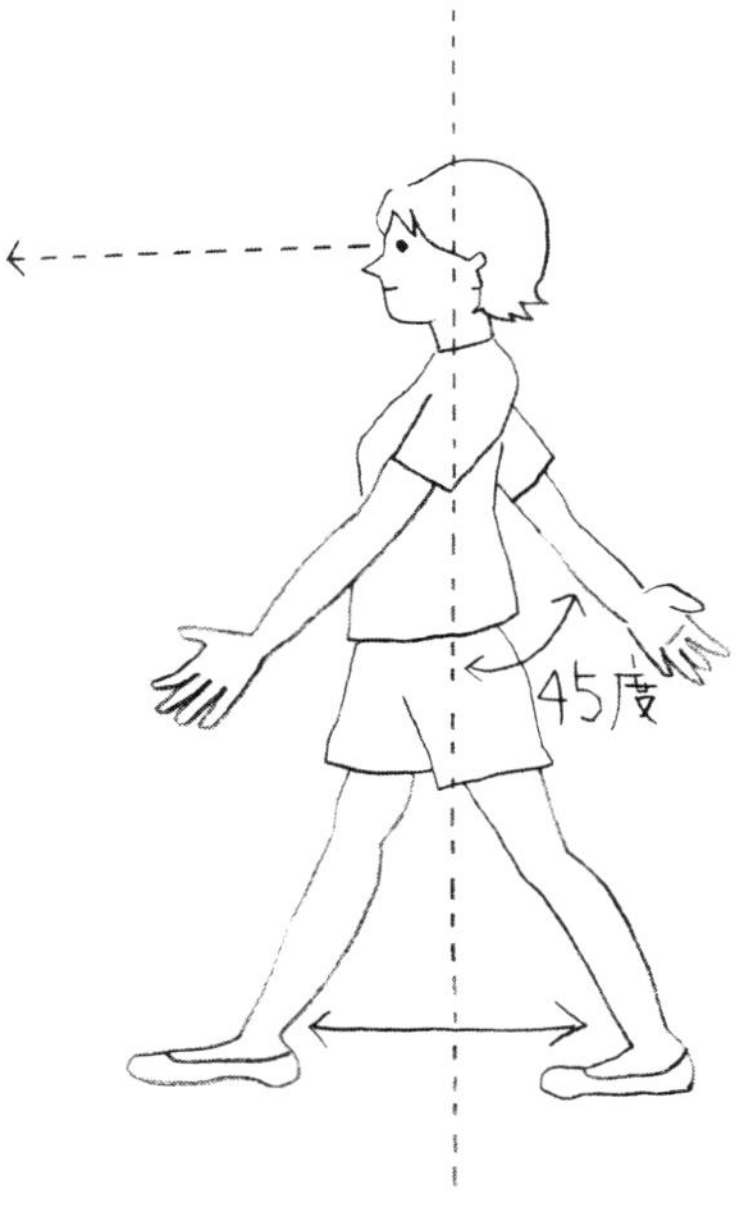

《家事のエネルギー消費もバカにできない》

家事も十分運動になります。さらに、運動していると意識をすることで効果が上がります。

ホテルの従業員を対象にした研究で、その仕事は1日30分の運動に相当していると知らされたグループは、とくに運動を追加しなかったのに1ヶ月で平均1kg体重が減っていました。

同じ運動量でも、運動していると思い込むことで代謝が上がったということです。

家事でも、短い時間の軽い運動でも、健康には十分効果があるとわかると、少しでも体を動かそうという気になりますね。

《片付けは心に効いてダイエットにもつながる》

テーブルにのっている食器や調味料などを集めてキッチンにもっていくと、テーブルの上がすっきりと見えます。

片付いていく様子を見ることで気持ちが落ち着き、ごちゃごちゃした頭のなかまでスッキリする感覚を味わいましょう。

部屋が乱れている人は心が乱れている、という言葉を耳にしたことがあるかもしれません。

テーブルやキッチンを片付けると心が落ち着く効果は、脳科学的にも説明がつきます。

片付けや掃除に熱中しているときには自然と頭のなかの雑念が消えて、目の前の今ここに集中しています。

ふきんでテーブルを拭いたり、シンクや蛇口まわりを磨くような反復運動は、心を安定させるセロトニンを分泌する効果もあります。

さらに、きれいに片付けてキッチンがピカピカになったという達成感を味わうことで、前向きな気持ちになれ、ダイエットも成功しやすくなります。

反復運動は
心を安定させる
セロトニンを
分泌させる

「今どうしても食べたい」をなんとかする——食後を思い描く瞑想

《渇望は遠ざけるほどついて回る》

「金魚のことを考えないでください」と言われると金魚のイメージが湧いてしまうように、これを考えてはいけないと思うとよけいに考えてしまうのが人間の脳です。

脳は否定形を理解できないので、ダイエット中だからアイスクリームは食べてはいけないと思ったら、よけいにアイスクリームが食べたくなってしまうものです。

浮かんできたイメージを追い払ったり、消そうとしても、それは無理というもの。

そんなときは、いったんその食べたいという「渇望」を受け入れて認めましょう。

「私はアイスクリームを食べたいと思っている」と心でつぶやいてみます。

これは文章化といって、自分の考えを客観視するのに役立ちます。

アイスクリームをすごく食べたがっている自分を、少し離れているところか見ているような感覚になったらしめたものです。甘いものを食べたがっている自分が弱く幼い存在のように感じられ、次第に食べたい気持ちは消えていきます。

渇望を、自分の家の庭に来た野良猫のようにイメージをする方法もあります。しっしっと追いやろうとがんばっても、なかなかうまくいきません。

何かを食べたい気持ちをどこかに追いやろうとすると精神的に疲れるばかりか、くりかえし考えるのでよけいに食べたくなってしまいます。

渇望があることを認めて、心の庭でしばらく遊ばせて様子を見ましょう。

いつの間にか、どこか違うところに行ってくれます。

アイスクリームを
食べてはいけない
と思うと
ますます
食べたくなる。

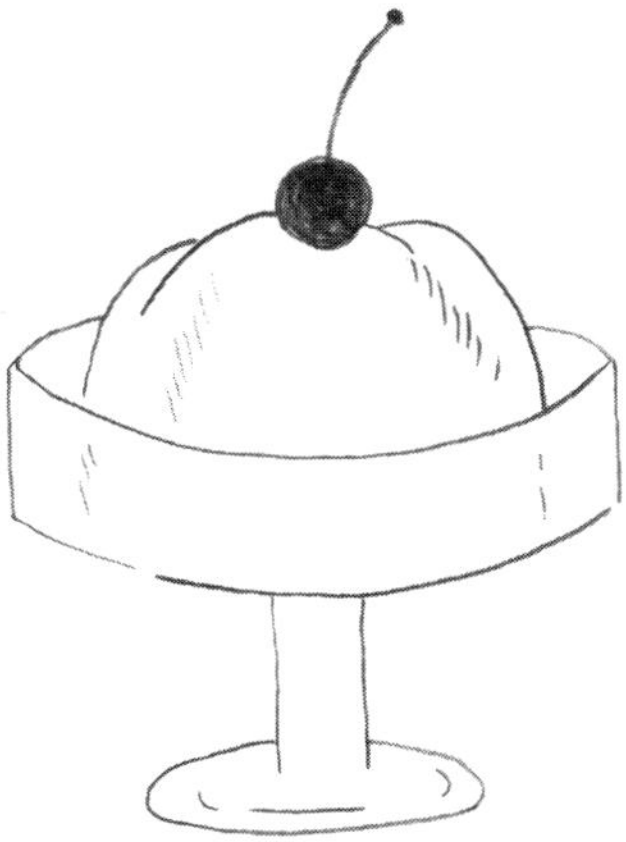

《それでも食べたいなら「ようこそ」で対処》

やめたいものや、やめたいことがどうしても頭から離れず困ったときのマインドフルな対処法です。

「ようこそ」の語呂合わせで覚えましょう。

「よ」は、欲求の「よ」です。早めに欲しがっている気持ちに気づくと、早く対処ができます。

「う」は、受け入れるの「う」です。

そろそろ欲しくなるよね、ここ何日も我慢してきたね、と食べたい気持ちを認めます。

「こ」は、好奇心の「こ」です。好奇心をもってその気持ちをよく観察することです。どのくらい強く食べたいと思っているのか、この渇望を満たしたらどんな気持ちになるか、体調はどうなるか、そんな自分をどう思うか、よく考えてみましょう。

「そ」は、自分と相談するの「そ」です。やさしい友人になったつもりで、その食べたい気持ちの相談にのってあげると、実はそこまで食べたいわけではないと気づくこともあります。

それでも渇望が止まらなければ妥協点を探して、納得いく結論を出しましょう。

もしそのときやめられなくても、欲求に気づかずいつの間にか悪習慣に手を出したときより、よく考えて行動しているところが大きな進歩です。

(よ) 欲求

(う) 受け入れる

(こ) 好奇心

(そ) 相談

Step07

食べすぎてしまったとき
――ヨシヨシ瞑想

《否定的な言葉はダイエットの成功率を下げる》

腹八分目にしようと思っていたのに、今日はマインドフルにゆっくり食べようと思っていたのに、ついつい食べすぎてしまってお腹いっぱい。

人間ですから、いくらマインドフルダイエットをがんばろうと思っていても、食べすぎることだってあります。

そんなとき、あなたはどんな気持ちになりますか？

自分に対して、どんな言葉をかけるでしょうか？

「またやっちゃったね」
「意思が弱いね」
「これじゃあ、いつまでたってもやせないね」

そんな言葉を頭でつぶやいていないでしょうか。**自分に対する言葉が否定的で厳しい人ほど、ダイエットの成功率は下がります。**自分はダメだという言葉とイメージを何度も脳にインプットして、失敗を潜在意識に刷り込んでいるようなものです。

《ヨシヨシと許してあげる》

つい食べすぎて落ち込みそうになっても、「ヨシヨシ、大丈夫」と許してあげてください。

食生活に気を配ったところもあるはずです。

「いつもよりお野菜たくさん食べて、えらかったね！」

「早めの時間に夕食がとれてよかったね！」

など、よかったところを見つけてしっかり自分をほめましょう。

毎日がんばって生きているあなたを一番応援してあげられるのは、あなた自身です。

叱ってばかりでは自分がかわいそうです。

たくさんほめて、よかったところを見つけていきましょう。

コンビニで食べ物を買うとき——表と裏の表示を見る

《添加物に気をつける》

日本人が1年間にとる添加物は、平均7・68kgにも上ります。がんや奇形の原因になるものも多数含まれています。

体に悪いとわかっていても、使わないと製造過程で困るので使われ続けています。それぞれの添加物の有害性を発表するメディアが少ないのは、スポンサーに食品会社が多いからと推測されます。

有害性についてのレポートも、少量なら害はないと記載されているものがありますが、日本人が1年間にとる添加物の量が7kg以上ですから、少量では済まされないと考えたほうがよさそうです。また、複数の添加物を同時にとった場合の調査は、ほとんど行われていません。

現代の食生活では、すべての添加物を避けるのは無理です。でも、食べてはいけないものを知っておけば、少しでも減らすことができます。要注意の添加物をいくつか紹介していきます。

まず、亜硝酸ナトリウムです。これは、たらこ、ハム、ウインナーなどの発色をよくするものです。強い発がん性のあるニトロソアミンという物質に変化します。

ニトロソアミンをジャムに混ぜて食べさせ続け、妻を殺したという殺人事件もあるほどです。とくにたらこや明太子は、成分と反応してニトロソアミンができやすいので、きれいな赤いたらこは要注意です。

着色料も要注意で、これも発がん性の高いものが多いです。

赤だけでなく、グリーンピースやメロンソーダの緑色にも気をつけましょう。

リン酸塩は、スーパーやコンビニの食品の裏を見ると、入っていないものを探すのが難しいほどよく使われています。肉の結着剤として使われるほか、ファミリーレストランのコーヒー抽出、加工チーズ、中華麺にも使われます。

これが入るとカルシウムの吸収が悪くなって骨がもろくなり、腎機能も悪化します。

EUではリン酸塩の使用禁止が発表され、日本でも昨年セブンイレブン、ローソン、ファミリーマートで不使用宣言が出されました。ただし、リン酸塩を表示しなくてよい裏技があるので、コンビニ側は使っていないつもりでも食品加工業者が入れている可能性もあります。

加工品は食べないのが一番ですが、徹底するのは難しいでしょう。そこで、添加物はお湯にとおすと溶け出す性質があるので、湯こぼしすると体に入る量を減らせます。**安息香酸ナトリウムは保存料として使われています。発がん性物質ベンゼンに変化します。**炭酸飲料や栄養ドリンクによく入っています。

なんと、一定量をラットに与えるとけいれんや尿失禁を起こして死ぬそうです。

ダイエッターが手にしやすいカロリーゼロの食品は要注意です。アスパルテームのような甘味料は、体重を減らしたり、メタボリックシンドロームの症状を改善するのを目指して開発されましたが、メタボリックシンドロームを悪化させてしまうことがわかりました。

太る上に発がんのリスクもあるので、カロリーゼロや糖質オフのドリンクはおすすめできません。頭痛、うつ、喘息、湿疹、高血圧などの副作用の報告もあります。

少量でも強い甘味を感じる人工甘味料は、あなたの味覚を狂わせています。

ジュースをやめて、なるべく水にしましょう。

成分表示の見方を知り、加工品を買うなら表と裏をよく見て買いましょう。裏に成分シールが貼ってある弁当は、食べないとひっくり返して見ることができないのでやっかいです。そういうものはたくさん添加物が入っていると考えて、買わないのがベストですね。

成分は多いものから順番に書いてあります。チョコレートの成分表示で、一番先に砂糖が書かれているものは、チョコの香りと色をつけた砂糖のようなものです。チョコレートのポリフェノールは肥満を起こさず、アンチエイジング効果もあるので、よいものを選べば食べても大丈夫です。買うなら砂糖の前にカカオが表示されているものを選びましょう。

成分の書き方は、ややこしいことに同じ分類のものを2品目以上添加すると略称で許されます。それでリン酸塩はｐＨ調整剤などと表記されてしまい、確認できないことも多いのです。

添加物を表示だけで見分けるのはとても困難なので、加工品をできるだけ減らし、同じ種類の加工品ばかり口にしないようにすると、大量に危ない添加物をとるのを防げます。

例えば
ロースハムの
原材料を
見てみよう

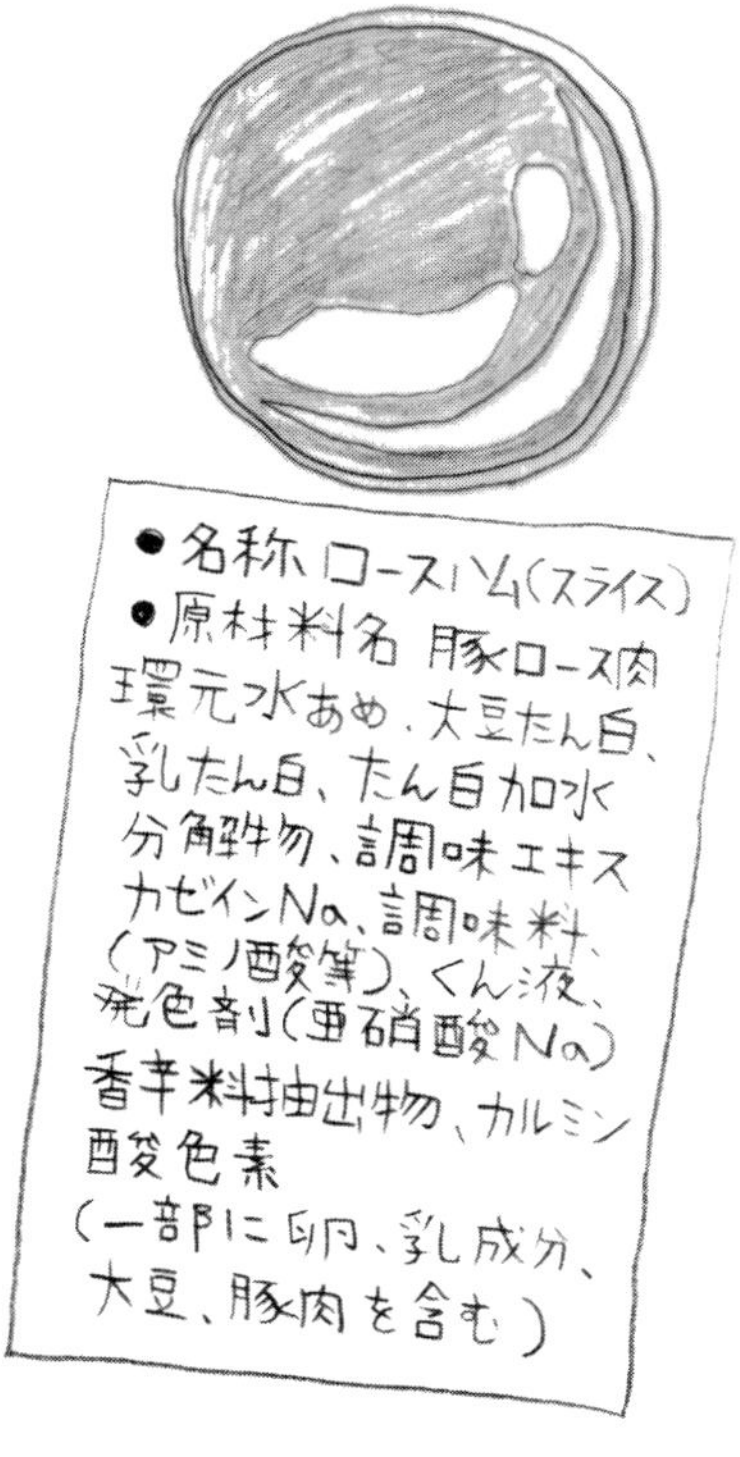

あとちょっと食べたいとき ——コーヒー瞑想

《コーヒーは食べすぎも防止する》

カフェインのせいかコーヒーに不健康なイメージをもっている方もいるかもしれませんが、近年健康に役立つという研究結果が多数報告されています。

２０１２年に男性22万人、女性17万人で行われた研究によると、コーヒーを１日に２、３杯飲む人は、飲まない人とくらべて死亡率が男性で０・94倍、女性で０・87倍とわかりました。

コーヒーを飲んだほうが長生きするという結果です。

糖尿病の発症リスクを抑えることもわかっていて、これはカフェイン入りでもカフェインなしでも効果があるそうです。 ほかにも、以下のような健康効果があるというので驚きです。

・高血圧になる証拠はない

・パーキンソン病を予防
・がんリスクが低下（肝癌、咽頭癌、大腸癌、子宮癌、食道癌など）

コーヒーのデメリットは、眼圧を上げやすいことです。
ただ、涙液の分泌はよくなるらしいので、ドライアイには飲んだほうがよさそうです。

気をつけたいのは、缶コーヒーとファミリーレストランなどの機械で抽出されているコーヒーです。抽出率をよくするためにリン酸Ｎａなどの添加物が含まれているので、飲むなら自宅や信頼できるコーヒー屋さんでドリップしたものが安心です。

コーヒーの成分もさることながら、食後にコーヒーを飲むと食べ終わった感覚を脳に送ってくれるので、それ以上食べるのを防止してくれる効果もあります。

《ココナッツオイルをコーヒーに入れる》

コーヒーにココナッツオイルを入れて飲むと、空腹感を抑え、次の食事までの活力を与えてくれます。ココナッツオイルは中鎖脂肪酸を多く含む油です。代謝が早く、すみやかにエネルギーとして利用されるので、体に蓄積して肥満になる心配がありません。

満腹感があって、元気が出て、太らないというダイエットの強い味方です。

脳の栄養になるのは糖だけだと思われてきましたが、実はケトン体も脳のエネルギーになります。ココナッツオイルはその脳のエネルギー源、ケトン体を作ってくれます。

ケトン体には脳を活性化して認知症の進行を予防する効果もあります。

注意点は、糖質と一緒にとらないこと。

害になるわけではありませんが、先に糖質が体に取り込まれてしまうと糖質の代わりにケトン体をエネルギーにするという役割が果たせず、意味がありません。

パンに塗るとか、チャーハンを炒めるときに使うのはもったいないわけです。

加熱調理には向いているので、肉や野菜を炒めるときにはぜひ利用してください。

ココナッツオイルで脳のエネルギーをチャージして、コーヒーのカフェインで覚醒効果を得られるので、朝のココナッツオイルコーヒーはエナジードリンクとしておすすめです。

《夕方以降は飲まない》

食後のコーヒーは食欲を抑えますが、夕食後に飲むと眠りをさまたげるので、朝と昼だけにするのが賢明です。

ココナッツオイルコーヒー

空腹感を抑えてくれる
朝におすすめ
ただし糖質と一緒に
とらないこと

ダイエット目標達成のコツ
——習慣を変えてやせる！と公表する

《やると宣言した方が達成できる》

人は自分で決めたことを明確に表すと、最後まで貫こうとする心理的な傾向があります。

これを一貫性の法則といい、うまく使うと目標達成に役立ちます。

なぜ、やると言ったら貫こうとするのか。その理由は、意見や方針をコロコロ変えると信用をなくすと思うからです。

人は他人から立派な人だと思われたいという欲求が働くため、一度決めて周りに宣言すると、そのとおりに行動してしまうのです。

もうひとつ、変更するのがめんどうだから、という理由もあります。決めたとおりに進み続けたほうが心理的に楽なのです。

この法則をさらに強化する方法が３つあります。

1つ目は、小さくても何か行動することです。ジョギングする！ と宣言して、その後シューズを玄関に並べるところまでやったら、宣言しただけよりも行動する確率が上がります。

2つ目は、多くの人に知らせることです。家族だけでなく、職場で多くの人に話したほうが効果が高まります。SNSでつぶやくのも、たくさんの人に拡散するので実行しようとする力が高まります。

3つ目は、労力をかけることです。家で筋トレはサボりがちでも、ジムに行って見学し、入会申込みの手続きをしてお金を払ったら、筋トレを続ける確率が上がります。

例えば、毎朝瞑想することにした、とマインドフルネスに興味のある友達に宣言してみましょう。その人も朝、瞑想する習慣があるなら、その話題を交わすようになるので、瞑想という行動と相手に伝えるという行動がくりかえされ、一貫性の法則もより強く働くでしょう。

取り組むと決めたことは、できれば定量化しておくと到達度がわかりやすいです。

週に3回ウォーキングするとか、毎日1回は両手いっぱいのサラダを食べるなど、回数や量で示すことができると、3回はできなかったけど1回はできたね、と少しでもできたら自分をほめてあげることができます。

① ささやかでもとにかく何かやる

起床後
5秒呼吸法を
始めた。

② 宣言する

職場で宣言しました。

③ 労力をかける

ダイエットの
励みに
高性能な
体重計を購入

第6章

幸せ脳で
ダイエット成功率をアップ

気持ちをリセットしてヤケ食いを止める——歩く瞑想

《意識のターゲットを変える》

ちょっと気がかりなことや嫌なことがあって気持ちが悶々とし、ヤケ食いしそうになったときに、気分をリセットしてくれるよい方法があります。

それは、歩く瞑想です。歩く瞑想では、足の裏や下半身の筋肉に意識を集中させます。

そうすると、くりかえし考えていたことから意識が体の一部に移るので、いったん気持ちがリセットされます。つまり、怒りや心配を増幅させずに、一度そこから離れることができるのです。

再びそのことを考えたときには、少し客観視できるようになっているかもしれません。

自分の気持ちを冷静に見つめることにつながっていく方法です。

《歩く瞑想のやり方》

はじめは、家のなかではだしで行ってみましょう。

両足を少し開いて立ち、足の裏で重力を感じます。

右足を上げて前にゆっくり移動させ、かかとから着地します。

かかとが床に触れたら、足の裏で床を感じながら、ゆっくり体重をかけていきます。

じょじょに重心をかかとから、つま先へと移動させます。

つま先に１００％重力がかかったら、左足はほぼ宙に浮いています。

そうしたら、今度は左足を前にゆっくり移動させて、左のかかとを床に下ろします。

右と同じように足の裏で床を感じながら、重心をつま先に移動させます。

慣れてきたら足の指や足首などの関節の動き、ふくらはぎや太もも、お尻などの筋肉の動きなどにも注目します。


背筋や腕の振りなど、体全体を使って歩いていることも意識します。歩くという行為は、バランスをとりながら体幹を含めた体全体で行っていることが体感できると思います。

これを、家や仕事中にトイレに行くときや通勤途中などでやってみると、日常に取り入れることができます。

つま先の向きを意識して内股歩き方のクセを観察したり、頭に浮かんできた思考を観察したり、足音に注目したりと、自分なりにバリエーションを加えてみるのもおもしろいですよ。

感情をコントロールしてヤケ食いしない——RAINを活用する

《感情を暴走させない》

怒りや不安などの扱いにくい感情は、避けたり押し込めようとするとよけいに大きくなって爆発することがあります。自分の内にある感情に気づいて認めることで、気持ちが楽になります。否定はしないけれども、執着しないのが理想です。

《感情のコントロール度をチェック》

ここで、あなたの感情コントロール度をチェックしてみましょう。

・大勢の人の前で話すときは、極度に緊張する
・不機嫌な人には話しかけることができない
・わからないことがあっても、恥ずかしくて聞けない

・理不尽だと思っても、冷静に抗議することができない
・人から間違いを指摘されたら腹が立つ
・人からほめられても、素直に喜べない
・同じ間違いをくりかえす部下にはカッとなって強く言いすぎる
・大声で誰かに怒鳴ることがある

当てはまる項目が多いほど、感情コントロールは低めです。

自分の感情を押し殺して我慢するのがいいわけではありません。自分の考えを冷静に人に伝えることができないと、人の意見に流されたり、自分の考えに自信がもてなくなったり、ストレスを抱え込んでヤケ食いしたり、人のせいにしてしまいます。

攻撃的でも受け身でもなく、感情的にならずに考えを伝えることが大切です。

《RAINとは》

どんな立派な僧侶でも、怒りや不安といったネガティブな感情が湧き上がってくるのを避けるのは不可能だろうと言われています。でも瞑想や坐禅の修行を積むと、感情の波をしずめる

スピードが速くなります。

僧侶のように毎日何時間も瞑想や坐禅をすることができないみなさんのために、湧き上がってきたネガティブ感情をすばやくしずめる方法をご紹介します。

RAINという方法で、以下の言葉の頭文字を組み合わせたものです。

人前で上司にミスを注意された状況を想像してみましょう。

Recognize（認識する）

まず、感情が揺さぶられたことを認識します。怒り、屈辱などのネガティブ感情を認めることが、解決の第一歩です。

Accept（受け入れる）

「上司にムカつくこともあるよね」と受け入れてみましょう。

このとき、90秒間呼吸法を行うと感情がしずまりやすいのでとてもおすすめです。

Investigate（検証する）

この感情についてくわしく観察します。「怒り60％、恥ずかしさ30％、落ち込み10％」というふうに、いくつもの感情があったら数値化してみるのもいいでしょう。

その感情が起きる背景には、思考が隠れているはずです。

それも好奇心をもって探ってみましょう。

「上司に注意されて腹が立つ」という怒りの気持ちを掘り下げてみると「よい仕事もしているのに、それは見てもらえない」という認められたい気持ちに気づくかもしれません。

No Identification（他人事にする）

感情にラベルをつけて検証していくうちに、視点が客観的になってきます。**感情の川にどっぷりつかって流されている状態から抜け出して、川岸から感情を眺めてみます。**

すると、数分前に感情に流されていた自分が他人のように思えてきます。そう思えてきたら「いつもはがんばっているのに認めてくれなくて悲しかったね。それなのに小さなミスを人前で注意されて腹が立つよね」とやさしく自分に声をかけましょう。

ストレスがたまってきたら1分間ジャンプ
――ジャンピング瞑想

これは、座って瞑想しようとしてもなかなか集中できないときにおすすめの方法です。頭が真っ白になって心がしずまる感覚を、ぜひ味わってみてください。

その方法は、1分間ひたすらその場でジャンプするだけです。

集合住宅では、下の階に迷惑にならないよう時間帯に配慮して行ってください。1分間のジャンプ運動は、意外と疲れて中断したくなるものです。

タイマーをセットしておくと、音が鳴るまでがんばろうと意欲が上がります。

アラームが鳴ったら、ピタッとその場に止まります。その止まった体の感覚を感じます。

そのままゆっくり座り、指先の感覚や呼吸の速さなどを意識してみましょう。感覚に集中しているときは、今ここにいる自分自身に意識が向いています。

体には疲労感がありますが、脳はあれこれ考えることなく休まっている状態なのです。

1分間ジャンプしたあとは心拍数が上がるので、胸の鼓動を感じやすくなり、指先の感覚もわかりやすくなり、体温が上がるのも感じられるかもしれません

このように、ただ座るよりも体をしっかり動かした直後のほうが雑念にとらわれにくく、集中して瞑想するのが容易になります。

リズム運動で幸せホルモンのセロトニンも分泌されるので、一石二鳥です。

思っていることを紙に書くだけでやせやすくなる
――ジャーナリングを活用する

《問題を明確にしてストレスを減らす》

マインドフルネスは、今ここに注意を向ける練習のようなものです。
「今ここ」は、見えるもの、聞こえるもの、感じるものなど五感を研ぎ澄ませてみると鮮やかに感じられますが、今回は内なる心の声に耳を傾けてみましょう。

ジャーナリングとは、思っていることを紙に書き出すことです。書くという行為は、自分の考えをまとめ上げ、論理的に組み立てるのに役立ちます。書いたものを目で見ると、あいまいだったものが明確になり、あなたの感情、優先しているもの、理想とするものを改めて知る機会になります。その結果、人生を大きな視野で見ることができるようになります。

ミズーリ大学で行われた研究では、自分の夢について書くグループと、他のテーマを書くグループに分けて4日間続けて20分間実行し、その後数ヶ月間の経過を追いました。

自分の夢について書いたグループは、そうでないグループにくらべて、ポジティブな気分になりやすく、数週間後にはより幸福感を感じ、数ヶ月後には身体的な病気にかかりにくいという結果が出ました。

ほかの研究では、夢を書き出す行為を1回だけ実行した人より、継続した人の幸福度がもっと高まるという結果も出ています。

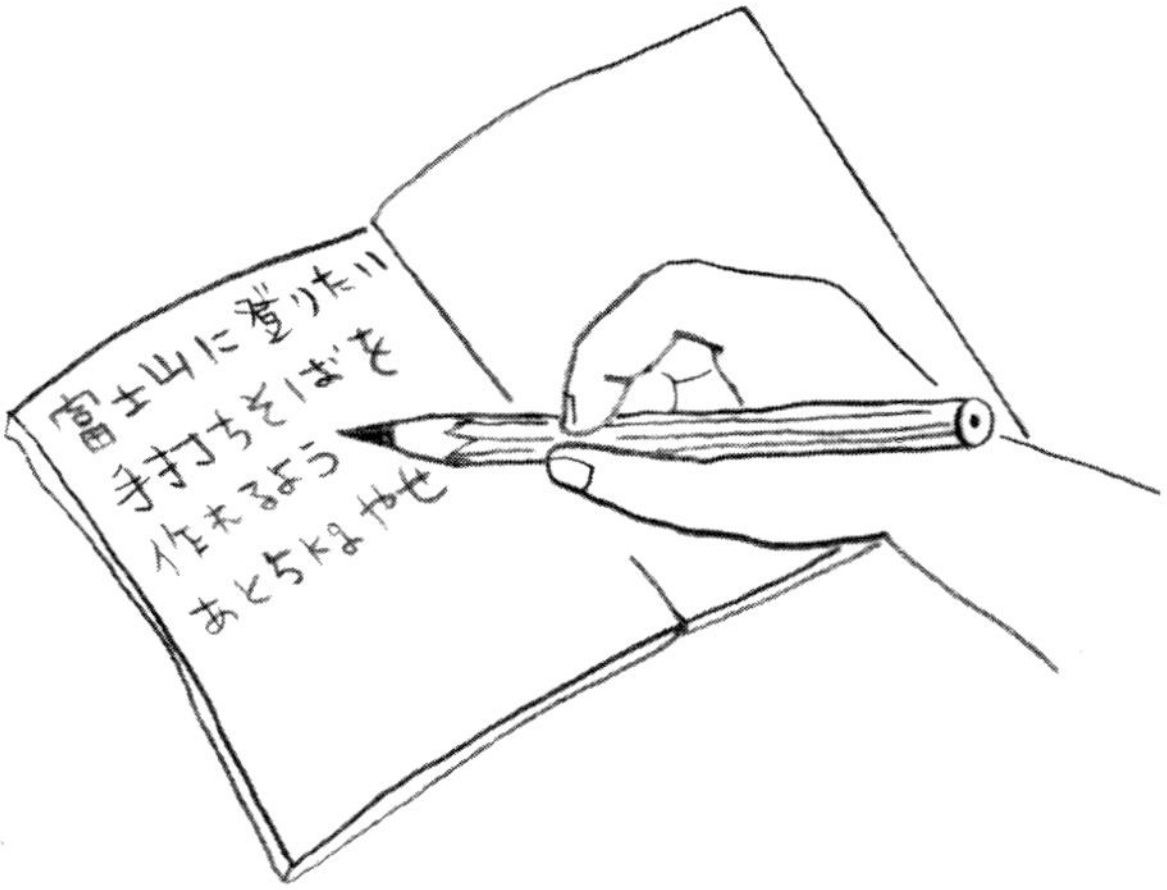

《2分間書き続けてみる》

理想と現実にしっかりと意識を向ける時間を作ってみましょう。

まず、立ち止まる時間を作って現状を見つめます。地図を見るときの現在地を確認するようなものです。これは、自分に能力やお金がないから無理だとあきらめるための作業ではありません。現状と障害について知ると、何をすればよいか考える助けになります。

そこで、現状を見つめるのに役立つ質問をあげてみます。

・現状に満足しているか
・自分らしさを発揮できているか
・強みは何か、弱みは何か
・何でワクワクし、何でやる気をなくすのか
・自分を高めてくれる人は誰か、足を引っ張る人は誰か

こうした質問をランダムに選んだら、2分間タイマーをかけて、ひたすら書き続けてみましょう。

次に最高の自分像について考えます。

ゴールがなければ、どこに向かって歩けばいいのかわかりません。

行き先も決めずにいると、誰かの進む道を同じように歩いて希望しないところに行きつくこともあれば、同じところをぐるぐる回ってしまうこともあるかもしれません。

では、理想を見つめるのに役立つ質問をあげてみます。

・いつごろ、どんな自分になっていたいか
・どんな環境にいると幸せか
・以前と同じ望みをもっているか、それとも考え方が変わったか

こうしたことを考えながら、将来の自分のイメージを詳細に具体的に書き出してみましょう。

未来を描くことが成功につながるダイエットに効果があることは言うまでもありません。

絵で表すのもいいと思います。

せっせと手を動かし、現状や理想に意識を集中するマインドフルネスです。

食べる以外のいやしを見つけてやせる
――入浴瞑想

《マインドフルに入浴する》

入浴には、体を清潔にする以外にも多くの効果があります。温泉治療に効果があるのは、鉱泉の成分だけではなく、ゆったりと湯につかる時間をもつことにも大きな意味があるのです。水によるマイナスイオンの効果もあります。

水の流れやしずくが落ちる自然音によるリラクゼーション効果と、頭や体を洗うときに動かす手の反復運動がセロトニン分泌もうながします。湯船のなかで水音を聞いたり、水のきらめきを見たり、温度を感じたりするマインドフルネスを楽しんでみましょう。よりいっそういやしの効果が得られます。

《ぬるま湯で自律神経を整える》

温かい湯につかると、筋肉の緊張がゆるんで自律神経を整えてくれます。

温度が41度を超えると逆に交感神経が活発になり興奮する作用をもたらすため、副交感神経を活性化させてリラックスしたいなら39〜40度がいいでしょう。

熱い湯につかって交感神経のレベルを上げるのも悪くはありません。スカッとした爽快感が得られます。ただし、冬場に寒い脱衣所と熱い湯のギャップが大きすぎると、血圧の急激な変化や脱水が原因で意識を失うこともあるので、注意をしてください。

おわりに

生きることとは食べることです。年老いて食べ物への興味を失ったとき、それは死期が近いことを意味します。

本書はダイエットをしたい人に向けた本ですが、食べることにネガティブな感情を抱くのではなく、食べることを心から楽しむ喜びを知ってほしいと思っています。

無意識に食べ物を口に放り込んでいた自分から、一口一口ていねいに味わうマインドフルな食べ方をする自分に変わるだけで、食事は幸せな時間になり体が求める分量だけを口にして満足感が得られます。

また、マインドフルに食べる習慣を続けると、食材の味以外のたくさんのことに気づくようになります。食べることをとおして自分の体や心に気づく、体に合う食材に気づく、食べられる幸せに気づく、自分の価値に気づく。マインドフルネス・ダイエットはそのようにたくさんの気づきをもたらしてくれる方法なのです。

気づきが増えるほど、賢い選択ができるようになります。

トーマス・エジソンは１９０３年にこう言っています。

「未来の医者は薬を用いず、人間の骨格、食事、そして病気の原因、予防に注意を払うようになるだろう」

１００年以上も前に、生活習慣や環境が病気を作り出すことを見抜いていたエジソンには脱帽です。

私たちこそ未来の医師として（医師でなくても！）家族や職場の人々を巻き込んで、気づきを深める食べ方「マインドフルネス・ダイエット」を実行してみませんか？

まずは、自分が変わる。

毎日の生活を１つずつアップデートして健康で幸せな人生を手に入れましょう。

最後にこの本の刊行にあたって、執筆を支えてくれた家族と多大なる尽力をいただいたたくさんの方々に心から感謝を表します。

もっとくわしく学びたい人はこちらを参考にしてください。

《参考図書》

●脳科学について

「高次脳機能がよく分かる　脳のしくみとそのみかた」植村研一著　医学書院

「人間性のニューロサイエンス―前頭前野、帯状回、島皮質の生理学」有田秀穂著、中外医学社

●マインドフルネスについて

「サーチインサイドユアセルフ」チャディ・メン・タン著、英治出版

「世界のエリートがやっている　最高の休息法――『脳科学×瞑想』で集中力が高まる」久賀谷亮著、ダイヤモンド社

●マインドフルに食べることについて

「味わう生き方」ティクナット・ハン／リリアン・チェン著、木楽舎

「食も心もマインドフルに―食べ物との素敵な関係を楽しむために」スーザン・アルバース著、星和書店

●味覚、嗅覚について

「子供の味覚を育てる　親子で学ぶ『ピュイゼ理論』」ジャック・ピュイゼ著、ＣＣＣメディアハウス

●睡眠について

「ＳＬＥＥＰ　最高の脳と身体をつくる睡眠の技術」ショーン・スティーブンソン著、ダイヤモンド社

●ＡＧＥについて

「ＡＧＥ攻略レシピ」料理家タカコナカムラ／医学博士山岸昌一著、一般社団法人ＡＧＥ研究協会

●参考動画

選択的注意の動画：ハーバード大学特別実験　https://youtu.be/vJG698U2Mvo

チョコレートを用いたマインドフルネスのアニメーション：GoStrength オンライン

https://www.youtube.com/watch?v=guXTS1YFf-0&t=52s

●参考資料

睡眠：「健康づくりのための睡眠指針２０１４」厚生労働省

●株式会社マインドフルヘルス

https://mindful-health.co.jp/

最新イベント案内や健康情報はこちら

公式LINE@アカウント　@mindful-h

LINE@ のＱＲコード　<img src="http://qr-official.line.me/L/6qU6qWA9pg.png">

《 著者プロフィール 》

山下 あきこ

内科医、脳神経内科専門医、抗加齢医学専門医、医学博士。アメリカ神経学会会員。

1974年、佐賀県生まれ。二児の母。

川崎医科大学卒業。同大学の総合診療部での研修を経て、福岡大学病院の脳神経内科に入局。

米国フロリダのメイヨークリニックにて先端脳研究に携わり、パーキンソン病の研究で「MDS Young Scientist Award」（国際運動障害学会の優秀若手研究者向け賞）を受賞。日本に戻り一般の臨床内科医として活動したのち、健康を自分で作る社会を目指して病院を退職し、株式会社マインドフルヘルスを設立した。アンチエイジング医学、脳科学、マインドフルネス、コーチングを取り入れたセミナーやweb情報配信サービスを提供し、生活の中で賢い選択を習慣化できるよう支援している。「マインドフル健康指導士」の認定資格が取得できるウェブ講座の配信や、マインドフルネスをバーチャルリアリティで体験できるスマートフォンアプリの開発・配信も手がける。

編集　山田 稔
本文デザイン　宮下春樹
イラスト　yomogi

やせる呼吸《こきゅう》 脳《のう》科《か》学《がく》専《せん》門《もん》医《い》が教《おし》えるマインドフルネス・ダイエット

著者　山下《やました》あきこ

発行所　株式会社 二見書房
東京都千代田区神田三崎町2-18-11
電話 03(3515)2311［営業］
03(3515)2313［編集］
振替 00170-4-2639

印刷　株式会社 堀内印刷所
製本　株式会社 村上製本所

落丁・乱丁本はお取り替えいたします。

定価は、カバーに表示してあります。

ISBN978-4-576-18096-0
http://www.futami.co.jp/